FORWARD

One of the great things about my job is hearing people relive their memories and seeing another generation waken to a sense of what it was like to live then. When you get to read them, it will seem like many of the stories contained in this book are from only a few years ago, whereas really they are from a few decades ago. Together with the pictures they will bring something back to life again for you.

Life has changed so much in recent years that at times it almost seems like these stories are tales from a distant country – what you could buy for your pre-decimal money, the strong sense of community on the estate and more considerate standards of behaviour. Perhaps though these human qualities did not all disappear on Townhill along with the shillings and pence. Swansea is still a place where for the most part everyone rubs along with each other and has a level-headed appreciation of the things that really matter in life, making the most of what you've been dealt and sharing the ups and downs of life together.

I hope you enjoy reading the memories contained in this book as much as I have and that it will stir some more memories for you.

Kim Collis
West Glamorgan Archive Service

RHAGAIR

Un o'r pethau gwych ar
pobl yn ail-fyw eu hatgofi
arall yn dod i sylweddol
bryd hynny. Pan fyddwch yn eu darllen, bydd yn ymddangos bod llawer o'r straeon yn y llyfr hwn yn rhai diweddar, ond mewn gwirionedd maent yn straeon o rai degawdau'n ôl. Ynghyd â'r lluniau, byddant yn dod â rhywbeth yn ôl yn fyw i chi.

Mae bywyd wedi newid gymaint mewn blynyddoedd diweddar, mae'n ymddangos ar adegau fel pe bai'r straeon hyn yn chwedlau o wlad bell – yr hyn y gallech ei brynu am eich arian cyn-ddegol, yr ymdeimlad cryf o gymuned ar yr ystâd a safonau ymddygiad mwy ystyriol. Ond efallai na wnaeth yr holl rinweddau dynol hyn ddiflannu ar Townhill ynghyd â'r swllt a'r ceiniogau. Mae Abertawe'n parhau i fod yn fan lle mae pobl i raddau helaeth yn cyd-dynnu ac mae ganddynt ddealltwriaeth synhwyrol o'r pethau gwirioneddol bwysig mewn bywyd, gan fanteisio i'r eithaf ar yr hyn a roddwyd i chi a rhannu uchafbwyntiau ac isafbwyntiau bywyd gyda'ch gilydd.

Gobeithio y byddwch yn mwynhau darllen yr atgofion yn y llyfr hwn gymaint ag y gwnes i ac y bydd yn ysgogi mwy o atgofion i chi.

Kim Collis
Gwasanaeth Archifau Gorllewin Morgannwg

A SENSE OF PLACE: TOWNHILL 1890-1940

Swansea was at the forefront of heavy industry during the late 19th century with shipping, coal, tinplate and other industries feeding the export trades. Consequently, with increasing numbers of people seeking employment, the population exploded and people needed to be housed. Families had to share housing, some without sanitation, and cramped slum dwellings developed in the town centre. The former County Borough of Swansea were interested in the new Garden City style of housing projects and felt Mayhill and Townhill were ideal sites for this new housing project, being in the fresh clean air above the town. In 1912 it was decided to build 500 houses but the First World War intervened and only 'sample cottages' in Islwyn Road, Mayhill were completed. After the war, the new 1919 Housing Act came into being and Swansea Council put in an application to clear the town slums and build the new houses. By 1940 more than 6000 people had been rehoused in Townhill and Mayhill.

The West Glamorgan Archive Service has the full story at Swansea Civic Centre, or you can go on-line

www.swansea.gov.uk/westglamorganarchives

YMDEIMLAD O LE: TOWNHILL 1890-1940

Roedd Abertawe yn flaenllaw yn y diwydiant trwm yn ystod diwedd y 19eg ganrif gyda chludo ar long, glo, plât tun a diwydiannau eraill yn bwydo'r masnachau allfudo. O ganlyniad, gyda mwyfwy o bobl yn chwilio am waith, ffrwydrodd y boblogaeth ac roedd angen tai ar bobl. Roedd teuluoedd yn gorfod rhannu tai, rhai heb lanweithdra, a datblygodd anheddau slym cyfyng yng nghanol y dref. Roedd gan Gyngor Bwrdeistref Abertawe ddiddordeb yn y dull Dinas Ardd newydd o brosiectau tai ac roedd yn teimlo bod Mayhill a Townhill yn safleoedd delfrydol ar gyfer y prosiect tai newydd hwn, gan eu bod yn yr awyr iach, glân uwchben y dref. Ym 1912, penderfynwyd adeiladu 500 o dai, ond dechreuodd y Rhyfel Byd Cyntaf, a 'bythynnod sampl' yn unig yn Heol Islwyn, Mayhill a gafodd eu cwblhau. Ar ôl y rhyfel, daeth Deddf Tai 1919 newydd i rym a chyflwynodd Cyngor Abertawe gais i glirio slymiau'r dref ac adeiladu'r tai newydd. Erbyn 1940, roedd mwy na 6,000 o bobl wedi'u hailgartrefu yn Townhill a Mayhill.

Mae'r stori lawn ar gael gan Wasanaeth Archifau Gorllewin Morgannwg yng Nghanolfan Ddinesig Abertawe, neu ewch ar-lein

www.abertawe.gov.uk/westglamorganarchives

THE EARLIEST MEMORY

Miss Eva Jones (101) lived all her life in Pen-y-Graig Road before moving into Rose Cross House residential home. "I remember the empty field before the Tower was built. My dad Will Jones sang in the Townhill Merry Boys Choir. I went to piano lessons with Miss Davies in Short Street then to the Arthur Davies School of Music and started teaching piano when I was about 17. Hundreds of pupils from Townhill and Mayhill passed through my hands. Teaching piano was my life."

Photo 1

YR ATGOF CYNHARAF

Roedd **Miss Eva Jones (101 oed)** wedi byw yn Heol Pen-y-Graig ar hyd ei hoes cyn symud i gartref preswyl Tŷ Rose Cross. "Dwi'n cofio'r cae gwag cyn yr adeiladwyd y Tower. Roedd fy nhad Will Jones yn canu yng Nghôr y Merry Boys,Townhill. Roeddwn i'n mynd i wersi piano gyda Miss Davies yn Stryd Short yna i Ysgol Gerdd Arthur Davies a dechreuais i addysgu piano pan oeddwn i tua 17 oed. Aeth cannoedd o ddisgyblion o Townhill a Mayhill trwy fy nwylo. Addysgu piano oedd fy mywyd."

THE TOWER CINEMA
1937-1958

The Tower Cinema was designed by architect **Mr. Charles W. Geddes, ARIBA**. and was completed in 1937 by Bennett Bros. (Contractors) Ltd., the site foreman being Mr. Elis Thomas. **Mrs. Barbara Cameron (82)** remembers: "Charles Geddes the Architect was a much loved family friend. He was a Captain in the Royal Engineers and he died aged 39 in Burma, just before the war ended, March 1945."

The cinema building on the hill was illuminated and visible from 40 miles away and embodied the

Photo 2

SINEMA'R TOWER
1937-1958

Dyluniwyd Sinema'r Tower gan y pensaer **Mr Charles W. Geddes, ARIBA**. Cafodd ei chwblhau ym 1937 gan Bennett Bros. (Contractwyr) Ltd., a fforman y safle oedd Mr Elis Thomas. Mae **Mrs Barbara Cameron (82 oed)** yn cofio, "Roedd y pensaer Charles Geddes yn ffrind annwyl iawn i'r teulu. Roedd e'n gapten yn y Peirianwyr Brenhinol a bu farw'n 39 oed yn Byrma, ychydig cyn i'r rhyfel ddod i ben, ym mis Mawrth 1945."

Roedd adeilad y sinema ar y bryn wedi'i oleuo ac i'w weld o 40 milltir i ffwrdd ac roedd ganddo'r

Photo 5

latest features in design and construction, with seating for 1200 patrons and the latest Tyber Talkie sound, installed by Sound and Cinema Equipment Ltd. of London. The interior décor was in champagne and flame with upholstery in green. **Mr. Oscar Dennis** was its first owner and manager. The first film shown in August 1937 was *Swing Time* with Fred Astaire and Ginger Rogers, then *Song of Freedom* starring Paul Robeson. The programme changed twice weekly. Tickets ranged from 6d. (about 2½p in today's money) to 1/6d. (1 shilling and 6d). A Children's Matinée showing cowboy films and adventure serials ran every Saturday costing 2d. and 3d. The cinema Usherettes were "smartly dressed in West End style harmonising with the artistic colour scheme."

Sue Kuttner and Sharon Molins, Mr. Oscar Dennis's grand-daughters emailed from Spain and Dublin: "Oscar Dennis was born Askair Baddennis in 1897 in Russia. After he fled the anti-Jewish pogroms, the authorities changed his name to Oscar Dennis. He eventually settled in Cherry Grove, Sketty with his Russian born wife Leah Mossel. Mr. Dennis owned several other cinemas including the Adelphi in Burryport, was Chairman of Swansea's Variety Club and one of the leading figures in South Wales entertainment circles involved in charity show extravaganzas and raising money for the Jewish community. He became a member of the Variety Club of Great Britain and through his connections, e.g. with Harry Secombe, was

nodweddion diweddaraf ym maes dylunio ac adeiladu, gyda seddi i 1,200 o gwsmeriaid a sŵn diweddaraf Tyber Talkie, wedi'i osod gan Sound and Cinema Equipment Ltd o Lundain. Roedd yr addurniadau mewnol mewn siampên a fflam a'r clustogwaith mewn gwyrdd. **Mr Oscar Dennis** oedd ei berchennog a'i reolwr cyntaf. Y ffilm gyntaf a ddangoswyd ym mis Awst 1937 oedd *Swing Time* gyda Fred Astaire a Ginger Rogers, yna *Song of Freedom* gyda'r seren Paul Robeson. Roedd y rhaglen yn newid ddwywaith yr wythnos. Roedd pris y tocynnau'n amrywio o 6d. (tua 2½c yn arian heddiw) i 1/6d. (1 swllt a 6d). Cafwyd Perfformiad Prynhawn i Blant lle dangoswyd ffilmiau cowboi a chyfresi antur bob dydd Sadwrn, a'r gost oedd 2d. a 3d. Roedd Tywyswragedd y sinema "yn gwisgo'n smart yn null y West End, gan gyd-fynd â'r cynllun lliwiau artistig."

E-bostion **Sue Kuttner a Sharon Molins, Mr Oscar Dennis yn grand-ferch** o Sbaen a Dulyn: "Ganwyd Oscar Dennis yn Askair Baddennis ym 1897 yn Rwsia. Ar ôl iddo ffoi'r pogromau gwrthiddewig, newidiodd yr awdurdodau ei enw i Oscar Dennis. Yn y pen draw, ymgartrefodd yn Cherry Grove, Sgeti gyda Leah Mossel, ei wraig a anwyd yn Rwsia. Roedd Mr Dennis yn berchen ar nifer o sinemâu eraill, gan gynnwys yr Adelphi ym Mhorth Tywyn, yn gadeirydd Clwb Amrywiaeth Abertawe ac yn un o'r prif ffigurau ym myd adloniant De Cymru a oedd yn rhan o strafagansas sioe elusennol a chodi arian at y Gymuned Iddewig. Daeth yn aelod o Glwb Amrywiaeth Prydain Fawr a, thrwy ei gysylltiadau, e.e. â Harry Secombe, roedd yn gyfrifol am rai o'r

responsible for some of the major charity shows held in Swansea with international stars. He was also prominent in boxing circles and a British Boxing Board of Control steward."

GOING TO THE PICTURES

Maureen Andrews (79) "I was in the Tower cinema on the first night of the blitz in 1941. I went to see a film with my father, I was about 8 years old. We were watching the film when an alarm came over the tannoy to say there was a raid taking place. My father took me outside to go home but the bombs were falling very heavily so we couldn't get through. My father took a chance and left me in a house on Townhill Road and asked the lady to keep me safe until he could come back for me, as my mother and sister were at home alone in Emlyn Road and that's where the bombs were dropping. After the raid was over he came back for me and thanked the people for looking after me, and I got home safely, but it was only the first night of the Blitz. A lot of Mayhill got very badly bombed. The Tower later became a sanctuary for those bombed out of their homes. After that I used to go to the thruppenny (3d.) rush as it was our only entertainment."

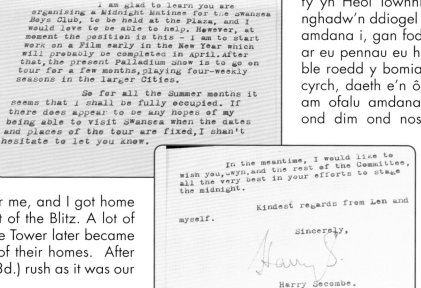

"Chatsworth,"
129, Cheam Road,
Sutton, Surrey.

6th.December 1956.

Oscar Dennis Esq.,
65 Cherry Grove,
SWANSEA.

Dear Oscar,

Many thanks for your letter - of course I remember you, and I trust you are keeping well.

I am glad to learn you are organising a Midnight Matinee for the Swansea Boys Club, to be held at the Plaza, and I would love to be able to help. However, at moment the position is this - I am to start work on a Film early in the New Year which will probably be completed in April. After that, the present Palladium Show is to go on tour for a few months, playing four-weekly seasons in the larger Cities.

So for all the Summer months it seems that I shall be fully occupied. If there does appear to be any hopes of my being able to visit Swansea when the dates and places of the tour are fixed, I shan't hesitate to let you know.

In the meantime, I would like to wish you, Gwyn, and the rest of the Committee, all the very best in your efforts to stage the midnight.

Kindest regards from Len and myself.

Sincerely,

Harry S.

Harry Secombe.

Photo 6

MYND I'R PICTIWRS

Maureen Andrews (79 oed) "Roeddwn i yn Sinema'r Tower ar noson gyntaf y blitz ym 1941. Es i i weld ffilm gyda fy nhad, roeddwn i tua 8 mlwydd oed. Roedden ni'n gwylio'r ffilm pan ddaeth larwm dros y tanoi i ddweud bod cyrch awyr yn digwydd. Aeth fy nhad â fi mas i fynd adre, ond roedd y bomiau'n cwympo mor drwm doedden ni ddim yn gallu mynd trwodd. Roedd fy nhad wedi mentro'i lwc a'm gadael i mewn tŷ yn Heol Townhill a gofynnodd i'r fenyw fy nghadw'n ddiogel nes y byddai'n gallu dod nôl amdana i, gan fod fy mam a'm chwaer gartre' ar eu pennau eu hunain yn Heol Emlyn a dyna ble roedd y bomiau'n syrthio. Ar ôl diwedd y cyrch, daeth e'n ôl amdana i a diolch i'r bobl am ofalu amdana i, ac es i adre'n ddiogel, ond dim ond noson gyntaf y blitz oedd hi.

Achosodd y bomiau lawer o ddifrod ym Mayhill. Yn ddiweddarach, daeth y Tower yn noddfa i'r rhai a gollodd eu cartrefi oherwydd y bomiau. Ar ôl hynny, roeddwn i'n arfer mynd i'r rhuthr tair ceiniog (3d.) gan mai dyna'r unig adloniant oedd gyda ni."

Joan Brettle (83) and **Val Phillips (78)**, sisters: "Our dad was George Phillips, Plumber, Electrician and Heating Engineer. He trained young apprentices and helped with rebuilding Teilo Crescent after the bombing. The area was lovely, and after the blitz it brought everybody together around Townhill. The war years were very bad, whole streets got bombed. We used to watch the planes coming over and you could see the bombs coming down, and all the buildings on fire. The first night of the blitz Townhill and Mayhill looked like fairy land but it was all the incendiaries. We didn't know what was happening, we were young. People who were bombed out were given refuge in the Tower as it wasn't damaged."

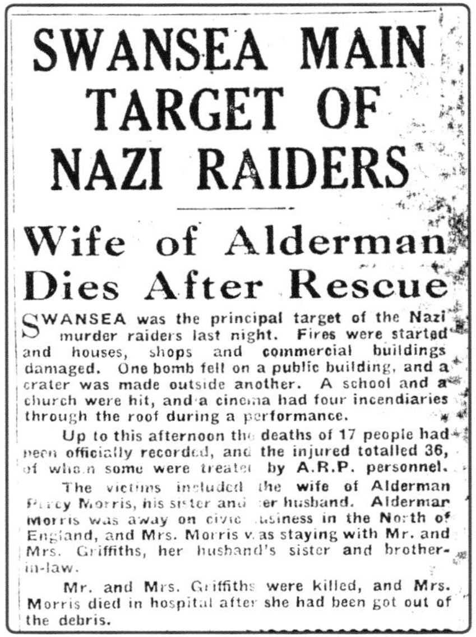

Tom Llewellyn was one of the original Tower doormen or Stewards as Mr. Dennis liked to call them. "I was also in the local Townhill football team Hillsborough AFC. and remember many of the functions held at The Tower, aside from the cinema and the dancing. Good old days!"

Dennis Stephens (82) Cinema Projectionist 1947-1958. "I was with the Tower until it became a ballroom. I previously worked at the Plaza Cinema as Third Projectionist for £3 per week, but earned £6 per week at the Tower as Second Projectionist. I met my wife Tina at the Tower, she was an Usherette, we have been married 63 years. I loved her Usherette uniform; a green box hat, green blouse and green

SWANSEA MAIN TARGET OF NAZI RAIDERS

Wife of Alderman Dies After Rescue

SWANSEA was the principal target of the Nazi murder raiders last night. Fires were started and houses, shops and commercial buildings damaged. One bomb fell on a public building, and a crater was made outside another. A school and a church were hit, and a cinema had four incendiaries through the roof during a performance.

Up to this afternoon the deaths of 17 people had been officially recorded, and the injured totalled 36, of whom some were treated by A.R.P. personnel.

The victims included the wife of Alderman Percy Morris, his sister and her husband. Alderman Morris was away on civic business in the North of England, and Mrs. Morris was staying with Mr. and Mrs. Griffiths, her husband's sister and brother-in-law.

Mr. and Mrs. Griffiths were killed, and Mrs. Morris died in hospital after she had been got out of the debris.

Photo 7

Photo 8

Joan Brettle (83 oed) a **Val Phillips (78 oed)**, chwiorydd, "Ein tad oedd George Phillips, Plymer, Trydanwr a Pheiriannydd Gwres. Roedd e'n hyfforddi prentisiaid ifanc ac yn helpu gyda gwaith adeiladu Cilgant Teilo ar ôl y bomio. Roedd yr ardal yn hyfryd, ac ar ôl y blitz daeth â phawb at ei gilydd o gwmpas Townhill. Roedd blynyddoedd y rhyfel yn wael iawn, cafodd strydoedd cyfan eu bomio. Roedden ni'n arfer gwylio'r awyrennau'n dod draw a gallech chi weld y bomiau'n disgyn, a'r holl adeiladau ar dân. Ar noson gyntaf y blitz, roedd Townhill a Mayhill yn edrych fel gwlad y tylwyth teg, ond y bomiau oedd hynny. Doedden ni ddim yn gwybod beth oedd yn digwydd, roedden ni'n ifanc. Roedd y bobl a oedd yn gorfod gadael eu cartrefi oherwydd y bomiau'n cael noddfa yn y Tower oherwydd doedd e ddim wedi'i ddifrodi."

Roedd **Tom Llewellyn** yn un o ddrysorion gwreiddiol y Tower, neu'n Stiward fel roedd Mr Dennis yn hoffi eu galw. Roeddwn i hefyd yn nhîm pêl-droed lleol Townhill sef Clwb Pêl-droed Hillsborough a dwi'n cofio llawer o'r achlysuron a gynhaliwyd yn y Tower, heblaw am y sinema a'r dawnsio. Hen ddyddiau da!"

Dennis Stephens (82 oed) Tafluniwr Sinema 1947-1958. "Roeddwn i yn y Tower nes iddi ddod yn neuadd ddawns. Cyn hynny, roeddwn i wedi gweithio yn Sinema'r Plaza fel Trydydd Tafluniwr am £3 yr wythnos, ond ro'wn i'n ennill £6 yr wythnos yn y Tower fel Ail Dafluniwr. Cwrddais i â'm gwraig Tina yn y Tower, roedd hi'n Dywyswraig, a 'dyn ni wedi bod yn briod ers 63 o flynyddoedd. Roeddwn i'n dwlu ar ei gwisg Tywyswraig;

Photo 9

skirt. I was there in 1948 when the ceiling fell in and my wife was working upstairs." (The account in the South Wales Evening Post tells of a sudden sharp crack and a rumble and boards falling onto the cinema audience. Ambulances were quickly on the scene and took Betty Green, Irene Hoolahan, Kathleen Boswell, Gwyneth Cadmore and 8 year old Desmond Ford to Swansea Hospital, all with head and back injuries. Seven others were treated for shock. Tina his wife escaped unharmed. **Ed. JW**)

Richard Sweet (65) remembers "passing the Tower from my home in Townhill to my grandparent's house in Mayhill and asking my father what the 'phut phut' noise was coming from a pipe at the side of the cinema? The reply was that the projection room had to generate its own electricity to show films, but never found out if this was true."

Mrs. Joyce Bodenham (82) went to the "tuppenny (2d.) rush every Saturday, and hundreds of kids waited outside to get in. There was a nice smell of a new building, and exciting films to watch like Westerns, Tarzan and the serial where you had to hold your breath until the next Saturday to find out what happened next. When I was 14 I kept a diary from 1944 of the films I went to see: George Formby in *Much Too Shy*, Ralph Bellamy in *The Great Impersonator*, Abbot and Costello in *Hit the Ice*, Leslie Howard in *The Scarlet Pimpernel*."

Mr. G. Evans also "went to the tuppenny rush with David and Cyril Stokes. We went as it opened and stayed all day and our mother gave us sandwiches. When it started to get dark we were afraid to walk home so my father had to go and fetch us. We

het flwch werdd, blows werdd a sgert werdd. Roeddwn i yno ym 1948 pan sythodd y nenfwd ac roedd fy ngwraig yn gweithio lan llofft." (Mae'r adroddiad yn y South Wales Evening Post yn sôn am glec siarp sydyn a thrwst a byrddau'n cwympo ar gynulleidfa'r sinema. Cyrhaeddodd yr ambiwlansys yn gyflym ac aethon nhw â Betty Green, Irene Hoolahan, Kathleen Boswell, Gwyneth Cadmore a Desmond Ford (8 oed) i Ysbyty Abertawe, pob un ag anafiadau pen a chefn. Cafodd saith arall eu trin am sioc. Dihangodd ei wraig Tina heb niwed. **Ed. JW**)

Mae **Richard Sweet (65 oed)** yn cofio "mynd heibio i'r Tower o'm cartref yn Townhill i dŷ fy mam-gu a'm tad-cu yn Mayhill a gofyn i'm tad beth oedd y sŵn 'phut phut' yn dod o bibell wrth ochr y sinema. Yr ateb oedd bod yn rhaid i'r ystafell daflunio gynhyrchu ei thrydan ei hun i ddangos ffilmiau, ond ches i byth wybod a oedd hyn yn wir."

Roedd **Mrs Joyce Bodenham (82 oed)** yn mynd i'r "rhuthr dwy geiniog (2d.)" bob dydd Sadwrn, ac roedd cannoedd o blant yn aros i fynd i mewn. Byddai arogl pleserus adeilad newydd a ffilmiau cyffrous i'w gwylio fel ffilmiau cowbois, Tarzan a'r gyfres, lle roeddech chi'n gorfod dal eich anadl tan y dydd Sadwrn nesaf i gael gwybod beth ddigwyddai nesaf. Pan oeddwn i'n 14 oed, roeddwn i'n cadw dyddiadur o 1944 o'r ffilmiau roeddwn i'n mynd i'w gweld: George Formby ym *Much Too Shy*, Ralph Bellamy yn *The Great Impersonator*, Abbot a Costello yn *Hit the Ice*, Leslie Howard yn *The Scarlet Pimpernel*."

Roedd **Mr G. Evans** hefyd "yn mynd i'r rhuthr dwy geiniog gyda David a Cyril Stokes. Roedden ni'n mynd i mewn wrth iddo agor ac yn aros trwy'r dydd ac roedd ein mam yn rhoi brechdanau i ni. Pan oedd hi'n dechrau tywyllu,

all have wonderful memories of the Tower, it was such a lovely building."

Vincent Sarsfield also recalls the "thruppenny rush, I used to go with my mates. I was one of 11 children. I saw *The Lone Ranger*, and *Zorro* and we used to have Zorro fights all the way home. After the pictures, Cherry Wainer used to play the organ like Jerry Lee Lewis."

Maria Shannon (77) also went to the tuppenny and thruppenny rushes. "I had my first date with my husband in the Tower cinema!"

Photo 10

John Amour (70) "I used to live in Tegid Road in Mayhill and it was a regular thing for myself and my mates to go to the thruppenny rush on a Saturday morning as young boys. There was a main film and a serial that used to run for about 4 weeks. As I grew older we used to go to the evening film shows."

Bill Snell has happy memories of the cinema. "Hopalong Cassidy, Gene Autry, Kit Carson, Roy Rogers, the *Buck Rogers* serial. I went with my mates and afterwards we all went to Williams chip shop for 3d. bags of chips. I remember the Lamas Sewing Factory was near the school."

Carol Ann Jones (72) "My first memory of the Tower was going to see my first film *Bambi*, I was about 5 years old. My grandfather Fred played accordion in a black and white

roedd ofn arnon ni gerdded adre, felly roedd fy nhad yn gorfod dod i'n hôl ni. Mae atgofion melys gyda phob un ohonom y Tower, roedd e'n adeilad hyfryd."

Mae **Vincent Sarsfield** hefyd yn cofio'r "rhuthr tair ceiniog, roeddwn i'n arfer mynd gyda'm ffrindiau. Roeddwn i'n un o 11 o blant. Gwelais i *The Lone Ranger*, a *Zorro* ac roedden ni'n arfer cael brwydrau Zorro'r holl ffordd adre. Ar ôl y sinema, roedd Cherry Wainer yn arfer canu'r organ fel Jerry Lee Lewis."

Roedd **Maria Shannon (77 oed)** hefyd yn mynd i'r rhuthrau dwy geiniog a thair ceiniog. "Ces i fy net cyntaf gyda'm gŵr yn sinema'r Tower!"

John Amour (70 oed) "Roeddwn i'n arfer byw yn Heol Tegid yn Mayhill ac roedd e'n beth rheolaidd i mi a'm ffrindiau fynd i'r rhuthr tair ceiniog ar fore Sadwrn fel bechgyn ifanc. Roedd prif ffilm a chyfres a oedd yn arfer para am ryw 4 wythnos. Wrth i mi fynd yn hŷn, roedden ni'n arfer mynd i'r ffilmiau gyda'r hwyr."

Mae gan **Bill Snell** atgofion hapus am y sinema. "Hopalong Cassidy, Gene Autry, Kit Carson, Roy Rogers, y gyfres *Buck Rogers*. Roeddwn i'n mynd gyda'm ffrindiau ac wedyn roedden ni i gyd yn mynd i siop sglodion Williams i gael bagiau o sglodion am 3d. Dwi'n cofio roedd Ffatri Wnio Lamas ger yr ysgol."

Carol Ann Jones (72 oed) "Fy atgof cyntaf am y Tower oedd mynd i weld fy ffilm gyntaf, *Bambi*. Roeddwn i tua 5 mlwydd oed. Roedd fy nhad-cu Fred yn canu'r acordion mewn

minstrel band called The Merry Boys which rehearsed in the Townhill school and put on shows in the Tower, this would have been in the 1950s. I also went to some jazz sessions in the Tower in the 1960s."

Patricia Ann James "went to the picture house, then the dancing and after that the bingo. My uncle Raymond 'Spider' Edwards was a bouncer there. When it was a picture house, my mother would take us. Our treat was a small box of Cadbury's Milk Tray from the kiosk."

Ron Thomas (69) "I was about 12 or 13 and remember the thruppenny rush or if you were rich the fourpenny rush upstairs, and Gene Autry with his two guns and two lassoes. All the baddies wore black Stetsons, and all the heroes white. We would all cheer for the good guys and boo and hiss the baddies. Quite often the film would break leaving everyone in the dark. We quite looked forward to this, giving an excuse to boo and shout out 'put a penny in the gas!' Once the film restarted we would quickly settle down. Another highlight of the rush was at the end of the show a lot of us boys would walk around to the side of the cinema in order to pee over the exhaust-pipe of the generator sticking out of the side of the building, causing clouds of smelly steam." (It has to be said, a lot of the men recalled this activity. **Ed.JW**) "I also remember Mr. Dennis the Manager presenting all the senior boys of Townhill School with free tickets to a special showing at the end of term, and a goody-bag of sweets and fruit. The first couple of rows only cost 9d. old money. When I was about

Photo 11

band clerwyr du a gwyn o'r enw The Merry Boys a oedd yn ymarfer yn Ysgol Townhill ac yn cynnal sioeau yn y Tower. Byddai hyn wedi bod yn y 1950au. Roeddwn i hefyd yn mynd i rai sesiynau jazz yn y Tower yn y 1960au."

Roedd **Patricia Ann James** "yn mynd i'r darlundy, wedyn y dawnsio ac ar yn mynd i'r pictiwrs, wedyn y dawnsio ac, ar ôl hynny, y bingo. Roedd fy wncwl Raymond 'Corryn' Edwards yn ddryswr yno. Pan oedd e'n bictiwrs, byddai fy mam yn mynd â ni. Ein trît oedd blwch o Cadbury's Milk Tray o'r ciosg."

Ron Thomas (69 oed) "Roeddwn i tua 12 neu 13 oed a dwi'n cofio'r rhuthr tair ceiniog neu, os oeddech chi'n ddigon cyfoethog, y rhuthr pedair ceiniog lan llofft, a Gene Autry â'i ddau wn a'i ddau lasŵ. Roedd y dynion drwg i gyd yn gwisgo Stetsonau du, ac roedd yr arwyr i gyd yn gwisgo gwyn. Bydden ni i gyd yn gweiddi dros y dynion da ac yn bŵan ac yn hisian at y dynion drwg. Yn eitha' aml, byddai'r ffilm yn stopio, gan adael pawb yn y tywyllwch. Roedden ni'n edrych ymlaen at hyn am ei fod e'n rhoi esgus i ni fŵan a gweiddi 'rho geiniog yn y peiriant nwy!' Ar ôl i'r ffilm ailddechrau, bydden ni'n setlo lawr yn gyflym. Uchafbwynt arall y rhuthr oedd ar ddiwedd y sioe pan fyddai llawer o'r bechgyn yn cerdded o gwmpas i ochr y sinema er mwyn gwneud pi-pi dros bibell fwg y generadur oedd yn dod mas o ochr yr adeilad, gan achosi cymylau o stêm drewllyd." (Mae'n rhaid dweud, roedd llawer o'r dynion yn cofio hyn. **Ed.JW**) "Dwi hefyd yn cofio Mr Dennis y Rheolwr yn rhoi tocynnau am ddim, a bag o losin a ffrwythau, i holl fechgyn hŷn Ysgol Townhill weld dangosiad arbennig ar ddiwedd y tymor. Roedd

fourteen I remember seeing *Destination Moon*. I think I watched it through twice, as you could in those days."

Dennis Watts "I spent many happy hours in the fourpenny rush and the big films in the evening. I can remember looking through a little window at the side of the big diesel generator that used to hammer away, also the groups that visited in the 1960s, when it became a ballroom."

Pauline Buss emailed "I grew up in Mayhill and Townhill and in 1969 was privileged to begin my teaching career in Powys Avenue School. I also remember trudging up from Mayhill to the Tower Cinema as a child to the Saturday children's film shows and always being terrified of the noise the generators made as we queued to get our tickets. The older children told us little ones that there were wild animals inside. I also worked for a few hours after school peeling onions and selling hot dogs in the foyer when it became a ballroom in the 1950s. After a week they discovered I was just fourteen so was dismissed. That was a tearful moment and not just from peeling onions!!! When Powys Avenue School closed in July 1981 (just 50 temporary years!) we relocated lock, stock and barrel to the Townhill School building and when it reached its 75th anniversary in 1999 I coordinated an exhibition of its history. I retired from the school in 2007 after 38 happy years teaching on the Hill and resolved to continue finding out as much as possible and having it published in some form so that it may be of interest to future generations."

Terry Llewellyn went to the "tuppenny, thruppenny and fourpenny rushes, all the Christmas festivities and then danced the nights away at the Tower."

y ddwy res gyntaf ond yn costio 9d. yn yr hen arian. Pan oeddwn i tua 14 oed, dwi'n cofio gweld *Destination Moon*. Dwi'n credu i mi ei gweld ddwywaith yn yr un noson, fel roeddech chi'n gallu gwneud yn y dyddiau hynny."

Dennis Watts "Roeddwn i'n treulio llawer o oriau hapus yn y rhuthr pedair ceiniog a'r ffilmiau mawr gyda'r hwyr. Dwi'n cofio edrych trwy ffenestr fach wrth ochr y generadur diesel mawr oedd yn curo'n gyson, hefyd y grwpiau oedd yn ymweld yn y 1960au pan oedd e'n neuadd ddawns."

E-bostiodd **Pauline Buss** "Cefais fy magu yn Mayhill a Townhill ac ym 1969 cefais y fraint o ddechrau fy ngyrfa addysgu yn Ysgol Rhodfa Powys. Dwi hefyd yn cofio troedio lan o Mayhill i Sinema'r Tower fel plentyn i'r ffilmiau plant ar ddydd Sadwrn a sŵn y generaduron yn codi ofn arna i wrth i ni giwio am ein tocynnau. Roedd y plant hŷn yn dweud wrth y plant bach fod anifeiliaid gwyllt y tu mewn i'r sinema. Roeddwn i hefyd yn gweithio am ychydig o oriau ar ôl yr ysgol yn crafu winwns ac yn gwerthu cŵn poeth yn y cyntedd pan oedd e'n neuadd ddawns yn y 1950au. Ar ôl wythnos, sylweddolon nhw 'mod i ond yn un deg pedwar oed, felly ces i fy niswyddo. Roedd hynny'n adeg ddagreuol ac nid achos y gwaith crafu winwns yn unig!!! Pan gaeodd Ysgol Rhodfa Powys ym 1981 (dim ond 50 mlynedd dros dro!) roedden ni wedi adleoli i adeilad Ysgol Townhill a phan gyrhaeddodd ei phen-blwydd yn 75 oed ym 1999, cydlynais i arddangosfa o'i hanes. Ymddeolais i o'r ysgol yn 2007 ar ôl 38 o flynyddoedd hapus o addysgu ar y bryn a phenderfynais y byddwn yn parhau i ddarganfod cymaint â phosib a'i gyhoeddi ar ryw ffurf fel y gallai fod o ddiddordeb i genedlaethau'r dyfodol."

Roedd **Terry Llewellyn** yn mynd i'r "rhuthrau dwy geiniog, tair ceiniog a phedair ceiniog, holl rialtwch y Nadolig ac yna dawnsio drwy'r nos yn y Tower."

STRUTTIN' YOUR STUFF ON THE TOWER DANCEFLOOR...
FROM 1958

GWNEUD EICH CAMPAU AR LAWR DAWNSIO'R TOWER...
O 1958

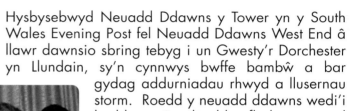

The Tower Ballroom was advertised in the South Wales Evening Post as a West End Ballroom with a sprung dance floor similar to that of the Dorchester Hotel in London, featuring a Bamboo Buffet and Bar with fishnet décor and storm lanterns. The ballroom was decorated with thousands of artificial flowers imported from Paris. A Rank Organisation Sound System had been installed plus spot lights and spectrolas. Part of the roof and walls were bamboo cane. The stage had been designed to accommodate any of the best bands in the country and was the largest in the area. Architects were Clifford G. Vaughan & Ridgewell of St. James Gardens.

The bandleader Lou Praegar announced its opening live on ITV. The Tower Ballroom, with a capacity crowd, was officially opened on 1st August 1958 by Swansea's Mayor and Mayoress Alderman and Mrs. William Evans, with Mr. Oscar

Photo 12

Hysbysebwyd Neuadd Ddawns y Tower yn y South Wales Evening Post fel Neuadd Ddawns West End â llawr dawnsio sbring tebyg i un Gwesty'r Dorchester yn Llundain, sy'n cynnwys bwffe bambŵ a bar gydag addurniadau rhwyd a llusernau storm. Roedd y neuadd ddawns wedi'i haddurno â miloedd o flodau gwneud wedi'u mewnforio o Baris. Roedd System Sŵn Rank Organisation wedi'i gosod ynghyd â sbotoleuadau a sbectrolas. Roedd rhan o'r to a'r waliau wedi'u gwneud o gansen fambŵ. Roedd y llwyfan wedi'i ddylunio i gynnal y bandiau gorau yn y wlad a hwn oedd y mwyaf yn yr ardal. Y penseiri oedd Clifford G. Vaughan & Ridgewell o Erddi St James.

Cyhoeddwyd ei agoriad gan Lou Praegar, arweinydd y band, yn fyw ar ITV. Cafodd Neuadd Ddawns y Tower, â thorf lawn, ei hagor yn swyddogol ar 1 Awst 1958 gan Faer a Maeres Abertawe, Yr Henadur a Mrs William Evans, gyda Mr Oscar Dennis y cyfarwyddwr. Yn ei

Dennis the Director. The Mayor in his welcoming speech acknowledged Mr. Dennis' 'contribution to the town's entertainment over many years and in numerous ways, and I offer you the good wishes of the council'. The resident Tower Orchestra led by Ray Jones struck up the first number "s'Wonderful" and dancers took to the floor. Dance exhibitions were given by Sonny Binnick and Sally Brock, and Harry Smith-Hampshire and Doreen Clayton. Showing off the tango and 'thrilling Fandango' were Tonia and Rafael, dancers from Spain. Scheduled to appear the following week were stars from BBC TV's first rock 'n roll programme *6.5 Special*: Wee Willie Harris, Tony Crombie and His Band, and the Most Brothers followed by the ITV *Dream Girl* contest, the winner of which would appear on TV. Over the following months Top Class Bands contracted to appear were the Johnny Dankworth Orchestra, Johnny Duncan, Eric Delaney, Ken Mackintosh and the Ivy Benson All Girl Orchestra.

Mrs. Joyce Cannock saw "Johnny Dankworth and Cleo Laine at the Tower and Cherry Wainer. Fabulous nights! I used to come over from Penlan to the dances and had to walk home as there was no transport in them days."

Photo 13

Photo 14

Photo 15

araith groesawu, cydnabu'r Maer 'gyfraniad Mr Dennis i adloniant y dref dros lawer o flynyddoedd ac mewn nifer o ffyrdd, a chynigiaf ddymuniadau gorau'r cyngor i chi'. Chwaraeodd Cerddorfa Breswyl y Tower y gân gyntaf, dan arweiniad Ray Jones, sef "s'Wonderful" ac aeth pobl i'r llawr i ddawnsio. Rhoddwyd arddangosiadau dawnsio gan Sonny Binnick a Sally Brock, a Harry Smith-Hampshire a Doreen Clayton. Bu Tonia a Rafael, dawnswyr o Sbaen yn arddangos y tango a'r 'ffandango wefreiddiol'. Wedi'u trefnu ar gyfer yr wythnos ganlynol oedd sêr *6.5 Special*, sef rhaglen deledu roc a rôl gyntaf y BBC: Wee Willie Harris, Tony Crombie a'i fand, a'r Most Brothers cyn cystadleuaeth *Dream Girl* ITV, y byddai'r enillydd yn mynd ar y teledu. Dros y misoedd canlynol, contractiwyd bandiau o'r radd flaenaf, gan gynnwys Cerddorfa Johnny Dankworth, Johnny Duncan, Eric Delaney, Ken Mackintosh a Cherddorfa Merched Ivy Benson.

Gwelodd **Mrs Joyce Cannock** "Johnny Dankworth a Cleo Laine yn y Tower a Cherry Wainer. Nosweithiau oherwydd doedd dim cludiant yn y dyddiau hynny."

Val Phillips (78) "I remember the Ivy Benson All Girl Orchestra was at the Tower. The queues outside the Tower Ballroom were a mile long, stretching along the street. We went to dances with our girlfriends as it was more fun and we always liked to see what the new ballrooms were like. I used to love wearing my buttercup yellow halter-top. I also remember *Come Dancing* came to the Tower. I started learning to dance at Sketty School of Dance when I was 13 or 14 and Joan 17. I was taught by Mrs. Waite. She was very strict and very thorough. We learned all the dances, Foxtrot, Quick Step, Tango, Waltz. I loved to dance."

Val Phillips (78 oed) "Dwi'n cofio roedd Cerddorfa Merched Ivy Benson yn y Tower. Roedd y ciwiau y tu allan i Neuadd Ddawns y Tower yn filltir o hyd, gan estyn ar hyd y stryd. Roedden ni'n mynd i ddawnsiau gyda'n cariadon gan ei bod hi'n fwy difyr ac roedden ni bob amser yn hoffi gweld sut fannau oedd y neuaddau dawns newydd. Roeddwn i'n arfer dwlu ar wisgo fy nhop tennyn melyn. Dwi hefyd yn cofio daeth *Come Dancing* i'r Tower. Dechreuais i ddysgu dawnsio yn Ysgol Ddawns Sgeti pan oeddwn i tua 13 neu 14 oed ac roedd Joan yn 17 oed. Ces i fy addysgu gan Mrs Waite. Roedd hi'n llym iawn ac yn drwyadl iawn. Roedden ni'n dysgu'r dawnsiau i gyd, y ffocstrot, y ddawns chwimgam, y tango, y wals. Roeddwn i'n dwlu ar ddawnsio."

Photo 16

Mrs. Val Pearce (69) "I attended the Edward Newton School of Dance several times a week and we occasionally danced at the Tower Ballroom as in this photo. Nina Newton (2nd on right) who ran the school with her husband, adjudicated if there was a dance competition at the Tower."

Photo 17

Mrs Val Pearce (69 oed) "Roeddwn i'n mynd i Ysgol Ddawns Edward Newton sawl gwaith yr wythnos ac roedden ni weithiau'n dawnsio yn Neuadd Ddawns y Tower. Nina Newton (2il ar y dde) a oedd yn rheoli'r ysgol gyda'i gŵr, oedd yn beirniadu pan roedd cystadleuaeth ddawnsio yn y Tower."

Mrs. Jean Cole (70) said "I was a Cloakroom Attendant and my father was the maintenance man in 1950. I saw them all off 6.5 Special: Craig Douglas, Frankie Vaughan, Wee Willie Harris." (A few people remembered Wee Willie Harris not turning up for a performance and a search party had to be sent out. He was not hard to miss with shocking pink hair and matching suit. **Ed JW**)

Photo 18

Meddai Mrs Jean Cole (70 oed) "Roeddwn i'n wasanaethydd ystafell gotiau a'm tad oedd y dyn cynnal a chadw ym 1950. Gwelais i bob un o'r rhaglenni 6.5 Special: Craig Douglas, Frankie Vaughan, Wee Willie Harris." (Roedd ycrhai pobl yn cofio nad oedd Wee Willie Harris wedi cyrraedd ar gyfer perfformiad ac roedd angen anfon criw chwilio. Doedd e ddim yn berson anodd ei weld am fod ganddo wallt pinc syfrdanol a siwt o'r un lliw. **Ed JW**)

Maria Shannon remembers "the cinema and the dance hall. My husband and I had our first date in the Tower Cinema. I also went to the Saturday morning thruppenny rush. I married in 1958 and went to the dances, danced to the Big Bands, and also did rock n' roll jive. I wore a full skirt with petticoats and a neckerchief around my neck all crazy colours, lime green, tangerine etc. I danced with a gang of girls in 4/11d. boppers (flat shoes) and white socks."

Mae **Maria Shannon** yn cofio'r "sinema a'r neuadd ddawns. Cafodd fy ngŵr a fi ein dêt cyntaf yn Sinema'r Tower. Roeddwn i hefyd yn mynd i'r rhuthr tair ceiniog ar fore Sadwrn. Priodais i ym 1958 ac roeddwn i'n mynd i'r dawnsiau, yn dawnsio i'r Bandiau Mawr, a hefyd yn gwneud y jeif roc a rôl. Roeddwn i'n gwisgo sgert lawn â pheisiau a chadach gwddf o gwmpas fy ngwddf mewn lliwiau gwyllt, gwyrdd leim, tanjerîn etc. Roeddwn i'n dawnsio gyda chriw o ferched mewn esgidiau fflat 4/11d. a sanau gwyn."

Joan Brettle (83) "I saw Frankie Vaughan at the Tower. I'd just come back from Africa where I'd been running the Noddy Nursery in Bulawayo, Zimbabwe

Joan Brettle (83 oed) "Gwelais i Frankie Vaughan yn y Tower. Roeddwn i newydd ddod yn ôl o Affrica lle roeddwn i wedi bod yn rheoli Meithrinfa Noddy Nursery yn Bulawayo, Simbabwe a dysgu 40 o blant Affricanaidd; roedden ni'n cynnal cyngherddau a dramâu'r geni adeg y Nadolig ac

Photo 19

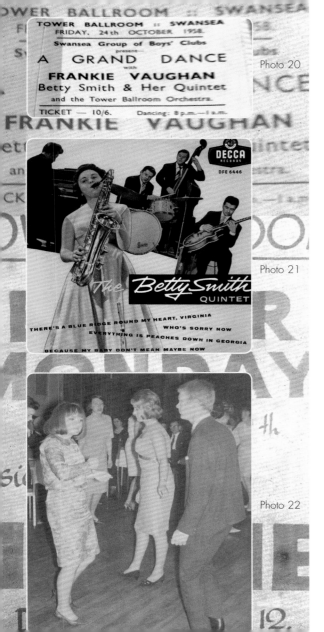

Photo 20

Photo 21

Photo 22

and taught 40 African children; we had concerts and Christmas Nativities and one of my African children went on to Oxford."

Bill Snell (76) "I came out of the forces in 1958. I met my wife in 1961 at the Tower and the resident band was Ray Jones. I remember seeing Johnny Dankworth, Ted Heath, then later on Wee Willie Harris and Frankie Vaughan. In 1961 there was a Sunday Cabaret Night, with Stan Stennett who compèred all the local acts. Dress was collar and tie. The Tower was a very popular dancehall, with buses coming from Bridgend, Pontypridd, Neath etc. The cloakroom attendant was Harold Schleswick from Goronwy Road. I danced with Beryl Edwards, jived and did the Twist. The best jiver was Billy Turner from Gwynedd Avenue. Derek Morgan the drummer used to play in the Tower. The TV programme *Come Dancing* was held at the Tower with sequence dancing, and the tickets were 5/-d. I went to the dances with all my mates, Roy Miles, Jimmy Hole, Albert James. We couldn't afford to take the girls but would meet them inside. My budget was about £2. Everybody would dress up, collar and tie, or suit with drainpipe trousers. The girls wore full skirts, sugared petticoats. Oh

aeth un o'm plant Affricanaidd ymlaen i Rydychen."

Bill Snell (76 oed) "Des i mas o'r lluoedd arfog ym 1958. Cwrddais i â'm gwraig ym 1961 yn y Tower a'r band preswyl oedd Ray Jones. Dwi'n cofio gweld Johnny Dankworth, Ted Heath, yna'n nes ymlaen Wee Willie Harris a Frankie Vaughan. Ym 1961, roedd Noson Gabare ar Nos Sul, gyda Stan Stennett a oedd yn cyflwyno'r holl berfformwyr lleol. Y wisg oedd coler a thei. Roedd y Tower yn neuadd ddawns boblogaidd iawn, gyda bysiau'n dod o Ben-y-bont ar Ogwr, Pontypridd, Castell-nedd etc. Y gwasanaethydd ystafell gotiau oedd Harold Schleswick o Heol Goronwy. Roeddwn i'n dawnsio gyda Beryl Edwards, yn jeifio ac yn gwneud y twist. Y jeifiwr gorau oedd Billy Turner o Rodfa Gwynedd. Roedd Derek Morgan, y drymiwr, yn arfer chwarae yn y Tower. Cynhaliwyd y rhaglen deledu *Come Dancing* yn y Tower gyda dawnsio dilynol, a phris y tocynnau oedd 5/-d. Roeddwn i'n mynd i'r dawnsiau gyda'm ffrindiau i gyd, Roy Miles, Jimmy Hole, Albert James. Allen ni ddim fforddio mynd â'r merched, ond bydden ni'n cwrdd â nhw y tu

I remember the big band number *In The Mood* on a Saturday night……."

Rachel Lerwel recalls "I really enjoyed The Tower and made many friends, which I still have. I have happy memories of the time. I am originally from St. Clears, Carmarthen and moved to Swansea in 1963, the best move I made. I was amazed when I entered the Tower. Owen Money used to compère the dances. I got a house in Townhill in 1975."

Carole Roberts (62) "I loved to jive. I saw several groups at the Tower including The Searchers, Gerry and the Pacemakers, Jet Harris and Tony Meehan, Alvin Stardust when he was Shane Fenton, and of course the local groups such as The Fireflies and The Bystanders. The groups were brilliant. I learned to jive at the Tower. It was a brilliant place. One of my dresses was a navy, red and white striped shift dress with a belt. I also wore a brown suede suit, V-neck top, sleeveless. Another outfit was an A-line skirt and white blouse with frills, and brown stiletto shoes that crippled me. I had to walk home barefoot. But I was GOOD at jiving!! I used to 'take' mostly. Alan Williams would take two jivers at the same time. I loved The Chiffons and Del Shannon. I had my first crush up the Tower! I used to wear tight jeans sometimes with studs down the legs and I would sit in a bath of cold water to shrink them on me. My girl friends used to do the same as well. All my friends loved the Tower – for the music, the dancing, the fashions and the boys. People came from all over Swansea to the Tower - it was an iconic place. The roundabout down by the former pub called the Rum

Photo 23

TOWER BALLROOM
EASTER MONDAY
MARCH. 30th.
Music by *The* FIREFLIES
DANCING 7:30 to 12.
Late Transport
Admission 5/-

mewn. Roedd tua £2 yn fy mhoced. Byddai pawb yn gwisgo'n smart, coler a thei, neu siwt â thrwser main. Roedd y merched yn gwisgo sgertiau llawn, peisiau siwgrog. O dwi'n cofio'r gân band mawr *In The Mood* ar nos Sadwrn……."

Mae **Rachel Lerwel** yn cofio "Roeddwn i wir yn mwynhau'r Tower a gwnes i lawer o ffrindiau, sydd gyda fi o hyd. Mae gen i atgofion hapus o'r adeg honno. Dwi'n dod yn wreiddiol o Sanclêr, Caerfyrddin a symudais i i Abertawe ym 1963, fy symudiad gorau erioed. Roeddwn i'n synnu wrth fynd i mewn i'r Tower. Roedd Owen Money'n arfer cyflwyno'r dawnsiau. Ces i dŷ yn Townhill ym 1975."

Carole Roberts (62 oed) "Roeddwn i'n dwlu ar jeifio. Gwelais i sawl grŵp yn y Tower, gan gynnwys The Searchers, Gerry and the Pacemakers, Jet Harris a Tony Meehan, Alvin Stardust pan oedd e'n Shane Fenton, ac wrth gwrs y grwpiau lleol megis The Fireflies a The Bystanders. Roedd y grwpiau'n wych. Dysgais i jeifio yn y Tower. Roedd e'n lle bendigedig. Roedd un o'm ffrogiau'n ffrog bais strepiog glas tywyll, coch a gwyn â gwregys. Roeddwn i hefyd yn gwisgo siwt swêd brown, top gwddf V, dilewys. Gwisg arall oedd sgert llinell A a blows gwyn â ffriliau, ac esgidiau sawdl pigfain brown oedd yn fy nghriplo. Roeddwn i'n gorfod cerdded adre'n droednoeth. Ond roeddwn i'n jeifiwr DA!! Roeddwn i'n arfer 'cymryd' gan amlaf. Byddai Alan Williams yn cymryd dau jeifiwr ar yr un pryd. Roeddwn i'n dwlu ar The Chiffons a Del Shannon. Yn y Tower oedd y tro cyntaf i mi wirioni ar rywun! Roeddwn i'n arfer gwisgo jîns tynn weithiau â stydiau i lawr y coesau a byddwn i'n eistedd mewn baddon o ddŵr oer i'w crebachu arna i. Roedd fy ffrindiau (merched

Puncheon, was known as the 'keep left' and some boys with motor bikes would sit outside on the pub wall - it was a sort of meeting place. I also remember the two bouncers at the Tower: Ike wore a red blazer and black trousers. His friend Billy was short and thickset."

Vincent Sarsfield (69) "I went dancing, and I remember a Yo-Yo competition on the stage. There were the rock bands The Redcoats, The Bystanders, and the bouncer was Jim Dollard. I remember the girls wearing frilly blouses with short sleeves and with lots of bangles, and full skirts with lots of petticoats and they had beehive hairdos. I was a Teddy Boy. I wore black drainpipes, black double-breasted suit, black brothel-creepers, and I had a thick DA (duck's ass) haircut, and a flat South Bank quiff hair cut. I used to jive with my mates. Then we would meet the Penlan Boys and the Gors Boys after and used to have a fight or two! My mother used to go to bingo later on at the Tower."

Photo 24

Hywel Evans (65) emailed from West Sussex: "I used to go dancing every Saturday night at The Tower, preceded by a few drinks at the Rum Puncheon pub down the road. This would have been the mid sixties. I wore tight tapered trousers and winklepicker shoes with Cuban heels, a long jacket and a sort of string tie on a black shirt. Girls wore meringue type dresses and white shoes were popular. They usually danced in a small group around their handbags. Pencil type dresses were also popular, this was before the miniskirt era. A pint of beer was about two shillings in old money, 10p in new. I used to take a pound with me and that would secure plenty of beer, entry fee to the Tower and a pack of Churchill cigarettes. I saw the Dave Clark Five and Brian Poole and the Tremeloes.

eraill) yn arfer gwneud yr un peth hefyd. Roedd fy ffrindiau i gyd yn dwlu ar y Tower - achos y gerddoriaeth, y dawnsio, y ffasiynau a'r bechgyn. Roedd pobl yn dod o bob rhan o Abertawe i'r Tower - roedd e'n lle eiconig. Roedd pobl yn adnabod y cylchfan ger cyn-dafarn y Rum Puncheon fel y 'keep left' a byddai rhai bechgyn â beiciau modur yn eistedd y tu fas iddi ar wal y dafarn - roedd e'n fath o fan cwrdd. Dwi hefyd yn cofio'r ddau ddryswr yn y Tower: roedd Ike yn gwisgo blaser coch a thrwser du. Roedd ei ffrind Billy'n bwt o ddyn."

Vincent Sarsfield (69 oed) "Roeddwn i'n mynd i'r dawnsiau a dwi'n cofio cystadleuaeth io-io ar y llwyfan. Y bandiau roc oedd The Redcoats, The Bystanders, a'r dryswr oedd Jim Dollard. Dwi'n cofio'r merched yn gwisgo blowsys ffriliog â llewys byr a llawer o freichledau, a sgertiau llawn peisiau a gwallt cwch gwenyn. Roeddwn i'n Dedi Boi. Roeddwn i'n gwisgo trowsus main du, siwt groeslabedog ddu, esgidiau dal adar du, ac roedd gen i DA (doriad gwallt pen-ôl hwyaden), a thoriad gwallt blaengudyn South Bank fflat. Roeddwn i'n arfer jeifio gyda'm ffrindiau. Yna, bydden ni'n cwrdd â bechgyn Penlan a bechgyn y Gors ac yn ymladd rhywfaint! Roedd fy mam yn arfer mynd i'r bingo yn nes ymlaen yn y Tower."

E-bostiodd **Hywel Evans (65 oed)** o Orllewin Sussex: "Roeddwn i'n arfer mynd i'r dawnsiau bob nos Sadwrn yn y Tower, ar ôl ychydig o ddiodydd yn nhafarn y Rum Puncheon lawr yr heol. Byddai hyn yng nghanol y chwe degau. Roeddwn i'n gwisgo trowsus blaenfain tynn ac esgidiau pigfain â sodlau Ciwbaidd, siaced hir a math o dei llinyn ar grys du. Roedd merched yn gwisgo ffrogiau dull meringue ac roedd esgidiau gwyn yn boblogaidd. Roedden nhw fel arfer yn dawnsio

My friends were Ian Evans and Gerry Neale, don't know what became of them. I left Wales over 35 years ago. Ah well! Great memories."

Roger Sweet emailed from London "I lived next door to what was then the Rum Puncheon pub, and remember before that when it was a field. My dad remembered the site when it was Honey's Farm. I used to be a pianist in Swansea in the 1960s and lived near the Tower when it was a cinema. I remember Victor Silvester and his Strict Tempo Ballroom Orchestra coming down from London. I am now in London Southbank but recall all the old days vividly. I played Rock n'Roll, Bill Hayley, Little Richard, Fats Domino etc. on the piano, but nowadays I play more sedate things like Richard Clayderman, cocktail music for hotels and functions. I remember Arthur Thorne, a tubby gent with specs. He was meant to be the MC but spent some time as bouncer and refereeing fights when he was meant to be breaking 'em up... usually on Saturday nights of course. I remember Lord Rockingham's Eleven and Cherry Wainer on organ from the ITV *Oh Boy!* show. The Manfreds and Herman's Hermits would usually be in town too! Where did it all go? Cue for a song *Those Were The Days* Mary Hopkin's 1968 hit. She was at The Tower in the 60's I believe. Valley girl of course....."

Ron Pickman "Apart from the dances, the Tower was also used for other things like children's fancy dress parties, and the carnivals used to start at The Tower. Many famous pop groups started their careers at the Tower in Paradise Park - The Dakotas, The Tremelos etc."

Roy Anderson gave wonderful memories at The Pete Ham (of Badfinger) Tribute Exhibition at the Swansea Library in June 2000. "I watched various bands at The Tower with Pete Ham, guitar. Pete was born in Townhill, and we were both in the same

mewn grŵp bach o gwmpas eu bagiau llaw. Roedd ffrogiau dull pensil hefyd yn boblogaidd, roedd hyn cyn cyfnod y sgert fini. Pris peint o gwrw oedd tua dau swllt mewn hen arian, 10c mewn arian newydd. Roeddwn i'n arfer mynd â phunt a fyddai'n talu am ddigon o gwrw, ffi fynediad i'r Tower a phecyn o sigaréts Churchill. Gwelais i Dave Clark Five a Brian Poole a'r Tremeloes. Fy ffrindiau oedd Ian Evans a Gerry Neale, dwi ddim yn gwybod beth ddigwyddodd iddyn nhw. Gadawais i Gymru dros 35 o flynyddoedd yn ôl. O wel! Atgofion gwych."

E-bostiodd **Roger Sweet** o Lundain "Roeddwn i'n byw drws nesa at dafarn y Rum Puncheon ar y pryd, a dwi'n cofio roedd e'n gae cyn hynny. Roedd fy nhad yn cofio'r safle pan oedd e'n fferm, Fferm Honey. Roeddwn i'n arfer bod yn bianydd yn y 1960au ac roeddwn i'n byw ger y Tower pan roedd e'n sinema. Dwi'n cofio Victor Silvester a'i Gerddorfa Strict Tempo Ballroom yn dod o Lundain. Dwi nawr yn y Southbank, Llundain, ond dwi'n cofio'r hen ddyddiau da yn glir. Roeddwn i'n chwarae roc a rôl, Bill Hayley, Little Richard, Fats Domino etc. ar y piano, ond y dyddiau hyn dwi'n chwarae pethau mwy digyffro fel Richard Clayderman, cerddoriaeth goctels ar gyfer gwestai ac achlysuron. Dwi'n cofio Arthur Thorne, dyn boliog â sbectol. Roedd e i fod MS, ond roedd e'n treulio peth amser fel dryswr ac yn dyfarnu ymladdwyr yn lle eu gwahanu... fel arfer ar nos Sadwrn wrth gwrs. Rwy'n cofio Lord Rockingham's Eleven a Cherry Wainer ar organ o'r sioe 'Oh Boy!' ar ITV. Byddai The Manfreds a Herman's Hermits yno fel arfer hefyd! Ble'r aeth y cyfan? Ciw am y gân *Those Were The Days*, cân boblogaidd Mary Hopkin ym 1968. Roedd hi yn y Tower yn y 60au dwi'n credu. Merch y cymoedd wrth gwrs... ."

Ron Pickman "Ar wahân i'r dawnsiau, roedd y Tower yn cael ei ddefnyddio ar gyfer pethau eraill, fel partïon gwisg

band The Panthers at that time. I was the drummer. John Evans of The Fireflies was my hero – a tremendous drummer…."

Jean Riches (69) "I have wonderful memories of the Tower. They were great times, and a get-together for girls and boys not far from our homes. I went to the Tower from 1958 to about 1964/5. I danced to the Big Bands and used to look at the singers! I wore felt circular skirts with lots of net, sticky-out petticoats. I pulled the collar up on my blouses, wore loop earrings, and I had a pony-tail hairstyle. I also wore black felt bopper shoes and dresses with little string straps. Dances were jive, rock n' roll, and I also did the Paul Jones dance as it was a way of meeting more boys at the change over. I used to like the Rolling Stones, The Who, The Kinks, Marty Wilde. The Tower was a great place for meeting young people and I had good female friends. If jivers were very good, a circle would form around them…. I was the one who was jiving in the middle of the circle! I could leave the Tower whenever I wanted to because I lived so close. There were no cars. It was a great sense of freedom for me. Before these times, everything was so staid. I was aged 15 or 16 when rock n' roll started. I'm still friendly with people I went to the dances with and some of them are still married now to their partners they met at the Tower. I've been in a wheelchair for 20 years, and it is good to look back at my physicality which is so precious to me. Your memories become more precious as you get older."

Richard Sweet (65) remembers an incident from his early teens. "On my way home from Scouts, 30th Hill troop, with some mates one night, we slipped in through the front doors of

Photo 25

ffansi plant, ac roedd y carnifalau'n arfer dechrau yn y Tower. Dechreuodd llawer o grwpiau pop enwog yn y Tower yn Paradise Park - The Dakotas, The Tremeloes etc."

Rhoddodd **Roy Anderson** atgofion hyfryd yn Arddangosfa Deyrnged Pete Ham (o Badfinger) yn Llyfrgell Abertawe ym mis Mehefin 2000. "Roeddwn i'n gwylio bandiau amrywiol yn y Tower gyda Pete Ham, gitâr. Ganwyd Pete yn Townhill, ac roedd y ddau ohonon ni yn yr un band, sef The Panthers, bryd hynny. Fi oedd y drymiwr. John Evans o The Fireflies oedd fy arwr – drymiwr penigamp…."

Jean Riches (69 oed) "Mae gen i atgofion hyfryd am y Tower. Roedden nhw'n adegau gwych, ac yn rhywle i fechgyn a merched gwrdd heb fynd yn bell o'n cartrefi. Roeddwn i'n mynd i'r Tower o 1958 tan tua 1964/5. Roeddwn i'n dawnsio i'r Bandiau Mawr ac roeddwn i'n arfer edrych ar y cantorion! Roeddwn i'n gwisgo sgertiau cylchol ffelt â llawer o beisiau rhwyd yn sticio mas. Roeddwn i'n tynnu'r coler lan ar fy mlowsys, yn gwisgo clustdlysau cylch, ac roedd gen i wallt wedi'i glymu fel cynffon merlen. Roeddwn i hefyd yn gwisgo esgidiau dawnsio du a ffrogiau â strapiau llinyn bach. Y dawnsiau oedd y jeif, roc a rôl, ac roeddwn i hefyd yn gwneud y ddawns Paul Jones gan ei bod hi'n ffordd o gwrdd â mwy o fechgyn wrth gyfnewid. Roeddwn i'n arfer hoffi'r Rolling Stones, The Who, The Kinks, Marty Wilde. Roedd y Tower yn lle gwych i gwrdd â phobl ifanc ac roedd gen i ffrindiau da. Os oedd jeifwyr yn dda iawn, byddai cylch yn ffurfio o'u cwmpas…. fi oedd yr un oedd yn jeifio yng nghanol y cylch! Gallwn i adael y Tower pryd bynnag roeddwn i eisiau achos roeddwn i'n byw mor agos. Doedd dim ceir. Roedd e'n ymdeimlad gwych o ryddid i mi. Cyn yr adegau hyn,

the Tower, which was a ballroom by then, to see where the loud music was coming from. We'd just got inside the inner doors looking onto the dance floor when one of the bouncers, who was a neighbour of mine, caught sight of us and threatened to throw us out on our ears and not to come back or he'd tell my mother! I subsequently learnt that what we had glimpsed on the stage was Lord Rockingham's Eleven, one of the popular bands of the time. They were the resident band on ITV's *Oh Boy!* TV programme, and had a Number One in the singles chart in 1958 with *Hoots Mon* with Cherry Wainer on organ. I also remember seeing Bill Haley and the Comets being advertised on the billboard outside but sadly I was too young to ever grace the dance floor."

John Armour (70) says "When I was about 18 or 19 about 1959/1960, we used to go to the Farmers Arms in North Hill Road for a couple of drinks, before catching the bus from Mount Pleasant Hospital, by the Technical College on Mount Pleasant Hill, then up to the Lady of Lourdes Church and then walk up to the Tower Ballroom at about 9.30pm. This would have been just after it changed from a cinema to a dancehall. This was a regular Saturday or Friday event. We also went for a drink at the weekends down the Sandfields to the St. Helen's Pub, where they used to have live music with local groups and one particular group called the Redcoats performed there every weekend. They were a very popular group singing all the music of the fifties. The piece that they were renowned for was *If You Were The Only Girl in the World* which they sang in their own particular style. The lead singer was a favourite with all the girls. My mates and myself arranged with the manager for them to sing at the Tower on a Saturday night. It was a roaring success, and when they sang *If You Were The Only Girl In The World* all the girls stopped dancing and they congregated in front of the stage, and the group had to sing it twice. They

roedd popeth mor sad. Roeddwn i'n 15 neu'n 16 oed pan ddechreuodd roc a rôl. Dwi'n dal yn ffrindiau gyda phobl roeddwn i'n mynd i'r dawnsiau gyda nhw ac mae rhai ohonyn nhw'n dal yn briod â'r partneriaid y gwnaethon nhw gwrdd â nhw yn y Tower. Dwi wedi bod mewn cadair olwyn ers 20 mlynedd, ac mae'n dda edrych yn ôl ar fy nghorfforoldeb, sydd mor werthfawr i mi. Mae'ch atgofion yn mynd yn fwy gwerthfawr wrth i chi heneiddio."

Mae **Richard Sweet (65 oed)** yn cofio rhywbeth yn digwydd ddechrau ei arddegau. "Ar fy ffordd adre o'r Sgowtiaid, Criw Bryn 30, gyda rhai ffrindiau un noson, llithron ni mewn trwy ddrysau blaen y Tower, a oedd yn neuadd ddawns erbyn hynny, i weld o ble roedd y gerddoriaeth uchel yn dod. Roedden ni newydd fynd trwy'r drysau mewnol ac yn edrych ar y llawr dawnsio pan roedd un o'r dryswyr, a oedd yn gymydog i mi, wedi'n gweld, bygwth ein taflu mas ar ein clustiau a dweud wrthym ni am beidio â dod yn ôl neu y byddai'n dweud wrth fy mam! Yn dilyn hynny, ces i wybod ein bod wedi cael cipolwg ar Lord Rockingham's Eleven ar y llwyfan, un o fandiau poblogaidd yr adeg. Nhw oedd un o'r bandiau preswyl ar '*Oh Boy!*', rhaglen deledu ar ITV, a chyrhaeddon nhw rif un yn siart y senglau ym 1958 gyda *Hoots Mon* a Cherry Wainer ar yr organ. Dwi hefyd yn cofio gweld Bill Haley and the Comets yn cael eu hysbysebu ar y bwrdd poster tu fas ond gwaetha'r modd roeddwn i bob amser yn rhy ifanc i fentro i'r llawr dawnsio."

Meddai **John Armour (70 oed)** "Ym 1959/1960, pan oeddwn i tua 18 neu 19 oed, roedden ni'n arfer mynd i dafarn y Farmers Arms yn Heol North Hill am gwpl o ddiodydd, cyn dal y bws o Ysbyty Mount Pleasant, wrth y Coleg Technegol ar fryn Mount Pleasant, wedyn lan i Eglwys Lady of Lourdes ac yna cerdded lan i Neuadd Ddawns y Tower tua 9.30pm.

played the Tower on a regular basis after that. There were also wrestling bouts in the early 60s, about once a fortnight. My mate George Morgan and myself were regulars and saw Billy Two Rivers (the American Red Indian), Les Kellett, Lord Bertie Toppham and many others."

Sheila Seaward (61) recalls… "I remember Saturday afternoon dances for youngsters, entry would be a shilling to go in (5p now), and when leaving I would be offered a postcard of a pop group or a B&W photo, such as The Searchers, Rolling Stones, Beatles etc. There was a bar called the Bamboo Bar which also sold lovely pasties. At the time of me going in the afternoons, I was envious of my sister as she was 4 years older than me, and she would go in the evenings where the groups would play but I was only 12 at the time. One night I stood outside by the doorway and watched the older ones going in from the bus, which would stop across the road. They would all pour in from the bus and the boys would be in suits and the girls with their high back-combed hair. In 1962 the Tower did not sell any alcohol and the dance finished at 11.00pm, so much different to today. One afternoon at the dance, there was a young man teaching us youngsters how to dance the Madison. As years went by, the dancehall finished and it became a bingo hall where my mother and her friends would go a few nights a week. Sadly in 1993 the derelict Tower burnt down. I was there to take some photos, one of which I put in one of the Swansea memory books."

Mrs. Margaret Baglow (73) remembers "dancing Saturday evenings at the Tower 1959-1960 with my friends. I met my husband Jack there, who went out with a friend Olive first. They split up and I started going out with Jack. My other friend Vivienne went out with his mate Dyfyn. Olive later met her husband David at the Tower and we all remained close

Byddai hyn ychydig ar ôl iddo newid o sinema i neuadd ddawns. Roedd hyn yn beth rheolaidd ar nos Sadwrn neu nos Wener. Roedden ni hefyd yn mynd i lawr i Sandfields am ddiod ar y penwythnos i Dafarn St Helens, lle roedden nhw'n arfer cael cerddoriaeth fyw gyda grwpiau lleol ac roedd un grŵp penodol o'r enw The Redcoats yn perfformio yno bob penwythnos. Roedden nhw'n grŵp poblogaidd iawn yn canu holl gerddoriaeth y pum degau. Y gân roedden nhw'n enwog amdani oedd *If You Were The Only Girl in the World* yr oedden nhw'n ei chanu yn eu ffordd arbennig eu hunain. Roedd y prif ganwr yn boblogaidd iawn gyda'r merched i gyd. Trefnodd fy ffrindiau a fi gyda'r rheolwr iddyn nhw ganu yn y Tower ar nos Sadwrn. Roedd e'n llwyddiant ysgubol, a phan ganon nhw *If You Were The Only Girl In The World*, stopiodd pob un o'r merched ddawnsio ac ymgynnull o flaen y llwyfan, ac roedd y grŵp yn gorfod ei chanu ddwywaith. Roedden nhw'n chwarae yn y Tower yn rheolaidd ar ôl hynny. Hefyd, roedd gornestau reslo yn y 60au, tuag unwaith y pythefnos. Roedd fy ffrind George Morgan a fi'n selogion a gwelsom ni Billy Two Rivers (yr Indian Coch Americanaidd), Les Kellett, Lord Bertie Toppham a llawer mwy."

Sheila Seaward (61 oed) "Dwi'n cofio dawnsiau prynhawn Sadwrn i bobl ifanc, y ffi fynediad fyddai swllt (5c nawr), ac wrth adael byddwn i'n cael cynnig cerdyn post o grŵp pop neu lun du a gwyn, megis The Searchers, Rolling Stones, Beatles etc. Roedd bar o'r enw y Bamboo Bar a oedd hefyd yn gwerthu pasteiod hyfryd. Pan oeddwn i'n mynd yn y prynhawn, roeddwn i'n genfigennus o'm chwaer am ei bod 4 blynedd yn hŷn na fi, a byddai hi'n mynd gyda'r hwyr pan roedd y grwpiau'n chwarae, ond dim ond 12 oed oeddwn i ar y pryd. Un noson, sefais i'r tu fas wrth y drws a gwylio'r rhai hŷn yn mynd i mewn o'r bws, a fyddai'n stopio ar draws yr heol. Bydden nhw i gyd yn heidio i mewn o'r bws a byddai'r

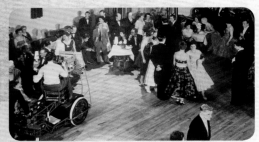

Photo 26

Photo 27

Photo 28

friends. Unfortunately, Vivienne and Dyfyn have now passed away but Olive and Dave, me and Jack have been married over 50 years. We have lovely happy memories of our times at the Tower, dancing to live bands. And on one occasion Frankie Vaughan was there after the dance finished. In those days the dances were mainly ballroom, which we loved. But perhaps three or four times during the evening there would be a jive or a rock number when the floor would be crowded. We would then have a quick kiss goodnight before rushing for our buses. I lived in Brynmill at the time, and Vivienne lived in the Hafod. Olive lived in Merlin Crescent."

Mrs. Mary Thomas (71)
"I saw many films at the Tower when it was a cinema, and later when it was a ballroom I saw Frankie Vaughan. My very new boyfriend was a bit shocked when I started screaming and jumping around, but he lifted me onto his shoulders so that I could see him better. I also went to the filming of 6.5 *Special* and *Ready Steady Rock* at the Tower. The ladies

bechgyn mewn siwtiau a byddai'r merched wedi cribo'u gwallt yn ôl. Ym 1962, doedd y Tower ddim yn gwerthu unrhyw alcohol ac roedd y ddawns yn gorffen am 11.00pm, mor wahanol i heddiw. Un prynhawn yn y ddawns, roedd dyn ifanc yn dysgu ni'r bobl ifanc sut oedd dawnsio'r Madison. Wrth i'r blynyddoedd fynd heibio, daeth y neuadd ddawns i ben a daeth hi'n neuadd fingo lle'r oedd fy mam a'i ffrindiau'n mynd ychydig o nosweithiau'r wythnos. Yn anffodus, llosgodd y Tower adfeiliedig yn ulw ym 1993. Roeddwn i yno i dynnu lluniau y rhoddais i un ohonyn nhw mewn un o lyfrau atgofion Abertawe."

Mae **Mrs Margaret Baglow (73 oed)** yn cofio "dawnsio ar nos Sadwrn yn y Tower ym 1959-1960 gyda'm ffrindiau. Cwrddais i â'm gŵr Jack yno, a aeth mas gyda ffrind o'r enw Olive gyntaf. Chwalodd eu perthynas nhw a dechreuais i fynd mas gyda Jack. Aeth fy ffrind arall Vivienne mas gyda'i ffrind e', Dyfyn. Yn nes ymlaen, cwrddodd Olive â'i gŵr David yn y Tower ac arhoson ni i gyd yn ffrindiau agos. Gwaetha'r modd, mae Vivienne a Dyfyn bellach wedi marw ond mae Olive a Dave, fi a Jack wedi bod yn briod ers dros 50 mlynedd. Mae atgofion hapus hyfryd gyda ni am ein hadegau yn y Tower, yn dawnsio i fandiau byw. Ac ar un achlysur, roedd Frankie Vaughan yno ar ôl i'r ddawns ddod i ben. Yn y dyddiau hynny, r oedd y rhan fwyaf o'r dawnsiau'n rhai neuadd ddawns, ac roedden ni'n dwlu arnyn nhw. Ond efallai tair neu bedair gwaith yn ystod y noson, byddai cân jeif neu roc a byddai'r llawr yn orlawn. Bydden ni wedyn yn cael cusan nos da fach cyn brysio am ein bysus. Roeddwn i'n byw ym Mrynmill ar y pryd, ac roedd Vivienne yn byw yn

loos were very plush and were used for dressing rooms. I saw Ruby Murray. She was very shy but she had a lovely smile. We also had Malcolm Vaughan, Russ Conway and many more coming. I went to the dances with my friends and we wore skirts and dresses with at least two net petticoats that made our skirts stand out. Oh Happy Days!" (Ruby Murray was at the 6.5 *Special* telecast and 11 year old Pauline Short of Elfin Road got her autograph. **Ed JW**)

Mrs. V. Dolphin (66) "I went to the children's Saturday afternoon cinema, aged about 7 or 8. I remember being taken by my mother and aunt for ballroom dancing, and still wearing white socks, black and white full skirt and being taken around the dance floor by Arthur Thorne. It was wonderful! Arthur Thorne was the compère, I was about 13 or 14 then. When I was 15 and 16 I went rock 'n roll dancing. I remember not being allowed to jive on the floor whenever the band played something that you could jive to - I am talking now about the Big Bands not groups. It wasn't allowed because of the sprung floor. Then as rock 'n roll became more popular, we were given a designated area in the front of the band, just for jiving."

yr Hafod. Roedd Olive yn byw ym Merlin Crescent."

Mrs Mary Thomas (71 oed) "Gwelais i lawer o ffilmiau yn y Tower pan oedd e'n sinema, ac yn nes ymlaen gwelais i Frankie Vaughan pan oedd e'n neuadd ddawns. Cafodd fy sboner newydd dipyn o sioc pan ddechreuais i sgrechian a neidio, ond cododd e' fi ar ei ysgwyddau fel y gallwn i ei weld e'n well. Hefyd, es i i weld 6.5 *Special* a *Ready Steady Rock* yn cael eu ffilmio yn y Tower. Roedd tai bach y menywod yn rhai crand iawn ac yn cael eu defnyddio fel ystafelloedd gwisgo. Gwelais i Ruby Murray. Roedd hi'n swil iawn ond roedd ganddi hi wên hyfryd. Hefyd, roedd Malcolm Vaughan, Russ Conway a llawer mwy'n dod. Roeddwn i'n mynd i'r dawnsiau gyda'm ffrindiau ac roedden ni'n gwisgo sgertiau a ffrogiau â dwy bais rwyd o leiaf. O, am ddyddiau hapus!" (Roedd Ruby Murray yn y telediad 6.5 *Special* a chafodd Pauline Short (11 oed) o Heol Elfin ei llofnod. **Ed JW**)

Mrs V. Dolphin (66 oed) "Roeddwn i'n mynd i'r sinema prynhawn Sadwrn i blant, pan oeddwn tua 7 neu 8 oed. Dwi'n cofio fy mam a'm modryb yn mynd â fi i ddawnsiau neuadd, ac yn dal i wisgo sanau gwyn, sgert lawn ddu a gwyn ac Arthur Thorne yn f'arwain ar y llawr dawnsio. Roedd e'n fendigedig! Arthur Thorne oedd y cyflwynydd, roeddwn i tua 13 neu 14 oed bryd hynny. Pan oeddwn

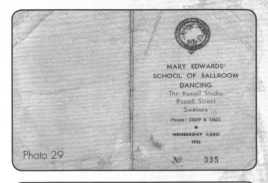

Photo 29

MARY EDWARDS'
SCHOOL OF BALLROOM
DANCING
The Russell Studio
Russell Street
Swansea
Phone: 23059 & 53402

MEMBERSHIP CARD
1958

N° 335

Photo 30

Name Mr J. Evans
Address 76 Cromwell St
Swansea

Membership Fee - - 1/-

Introduced by MARY EDWARDS.

Please have this card with you
when attending all classes

BALLROOM DANCING
is based on Natural Movement, therefore anyone who can walk can dance. The basic steps are simple and can be learnt in a very short time.
Besides being an enjoyable hobby, Ballroom dancing is a tonic, both mentally and physically and has been thoroughly recommended by the Medical Profession.
Anyone who is self-conscious, shy or lonely should learn to dance, for it is in the happy dancing atmosphere that one can forget "self", make many friends and enjoy life.

BALLROOM ETIQUETTE
GIRLS
Do not accept another's invitation if you have already refused one.
Join in the Ladies' Invitation and add to your popularity.
BOYS
Don't dance with your coat unbuttoned.
Never refuse in a Ladies' Invitation. If the girl you want to dance with is already dancing — ask another.
You will gain popularity that way.

RUBY MURRAY
SOFTLY SOFTLY

FEATURING:
LET ME GO LOVER
HEARTBEAT
HAPPY DAYS & LONELY NIGHTS
IF ANYONE FINDS THIS, I LOVE YOU
EVERMORE
I'LL COME WHEN YOU CALL
AND MANY MORE...

Photo 31

Patricia Ann James "went dancing with 4 or 5 of us in a gang. Two of the girls met future husbands. I went jiving and the boys wore suits. One night a couple were dancing when her false hair piece caught on the buttons on the sleeve. She tried to get it loose then her net petticoat fell down! When Billy Fury was at the Tower, we couldn't afford to go so we stood out the back and listened to him. When we went dancing, three of us in the gang bought the same dresses but in different colours. Today the girls would die if they had on the same thing! I have lived in Townhill most of my life and have good friends and neighbours, some are the first tenants in their houses."

Tom Hullocks (88) "I was handyman in charge of the cleaners and organised many a good night at the Tower, I started about 1960. I was born in Carmarthen, one of 6 children. My dad died when I was 3 and my mother went blind when she was 28. I remember getting a ha'penny every other week for pocket money. I got married in 1947 and went to live in Geiriol Road. I've been here in this house in Townhill Road for about 58 or 59 years. I've got wonderful neighbours and I make two big saucepans of soup every week or so and share it with them. I worked under Arthur Thorne at the Tower. There was a coal-fired boiler room and I looked after that. I did everything, sold raffle tickets, and called the bingo. The ballroom floor was Canadian Oak and I cleaned and polished it. I

i'n 15 ac yn 16 oed, roeddwn i'n mynd i ddawnsiau roc a rôl. Dwi'n cofio peidio â chael fy nghaniatáu i jeifio ar y llawr pryd bynnag roedd y band yn chwarae cân y gallech chi jeifio iddi – am y Bandiau Mawr dwi'n sôn fan hyn, nid y grwpiau. Doedden ni ddim yn cael jeifio achos y llawr sbring. Yna, wrth i roc a rôl ddod yn fwy poblogaidd, cawson ni fan pwrpasol o flaen y band, jyst ar gyfer jeifio."

Roedd **Patricia Ann James** "yn mynd i ddawnsiau gyda 4 neu 5 ohonon ni mewn criw. Cwrddodd dwy o'r merched â'u darpar wŷr yno. Roeddwn i'n jeifio ac roedd y bechgyn yn gwisgo siwtiau. Un noson, roedd un pâr yn dawnsio pan ddaliodd ei gwallt gosod ar y botymau ar y llawes. Ceisiodd hi ei ryddhau, wedyn cwympodd ei phais rwyd i lawr! Pan oedd Billy Fury yn y Tower, doedden ni ddim yn gallu fforddio mynd, felly roedden ni'n sefyll yn y cefn i wrando arno fe. Pan oedden ni'n mynd i ddawnsiau, byddai tair ohonon ni yn y criw yn prynu'r un ffrogiau ond mewn lliwiau gwahanol. Heddiw, byddai'r merched yn marw pe bydden nhw'n gwisgo'r un peth! Dwi wedi byw yn Townhill y rhan fwyaf o'm hoes ac mae gen i ffrindiau a chymdogion da, rhai ohonyn nhw yw'r tenantiaid cyntaf yn eu tai."

Tom Hullocks (88 oed) "Roeddwn i'n dasgmon, yn rheoli'r glanhawyr ac yn trefnu sawl noson dda yn y Tower, a dechreuais i tua 1960. Ces i fy ngeni yng Nghaerfyrddin, yn un o 6 o blant. Buodd fy nhad farw pan oeddwn i'n 3 oed ac aeth fy mam yn ddall pan oedd hi'n 28 oed. Dwi'n cofio cael dimai bob yn ail wythnos am arian poced. Priodais i ym 1947 ac es i i fyw yn Heol Geiriol. Dwi wedi bod yn y tŷ yma yn Heol Townhill ers tua 58 neu 59 o flynyddoedd. Mae gen i gymdogion bendigedig a dwi'n gwneud dwy sosbenaid fawr o gawl bob wythnos bron a dwi'n ei rannu â nhw. Roeddwn i'n gweithio dan Arthur Thorne yn y Tower. Roedd ystafell foeler pŵer glo yno ac roeddwn i'n gofalu amdani. Roeddwn i'n gwneud popeth, gwerthu tocynnau raffl, a galw'r bingo.

Photo 32

worked for Mr. Dennis and I remember he went around checking on everything in his trilby hat and smoking his pipe. A good boss, he would give his orders to Arthur Thorne the Manager that I worked for. The cleaners included my wife Stella, Agnes, Betty, Evelyn and Joan. Stella worked there part time for 3 years and sometimes I got told off for walking on wet floors, she said I was rotten to work with. Stella and I were married 62 years, she died in 2008. Sid Arnold called the bingo and I also checked the books. I also collected the glasses for the bar, as well as cleaning the storeroom. I remember painting the walls inside the Tower after securing the ladder to the chairs. I didn't do the outside though, there was a special chap came to do that. I remember the kiddies dance classes at 11am on a Saturday morning when Mr. Thorne would put records on for them. It was wonderful working at The Tower. We were a great team. After a shift Arthur Thorne would send a taxi driver down for cooked chicken and some cake and we stayed late to eat our supper. Mr. Thorne was a perfect gentleman. All of us felt we were a family. Mr. Dennis used to keep it looking smart. He sold it in about 1963-1964 and I finished when Mr. Bateman came in to run it, but it went downhill after that.

Roedd llawr y neuadd ddawns wedi'i wneud o dderwen Ganadaidd ac roeddwn i'n ei lanhau a'i sgleinio. Roeddwn i'n gweithio i Mr Dennis a dwi'n ei gofio yn archwilio popeth yn ei het drilbi ac yn smygu ei bibell. Roedd yn fos da, a byddai e'n rhoi ei orchmynion i Arthur Thorne, y rheolwr roeddwn i'n gweithio iddo fe. Roedd y glanhawyr yn cynnwys fy ngwraig Stella, Agnes, Betty, Evelyn a Joan. Roedd Stella'n gweithio yno'n rhan-amser am 3 blynedd ac roeddwn i weithiau'n cael stŵr am gerdded ar loriau gwlyb, roedd hi'n dweud ei bod yn hunllef gweithio gyda fi. Roedd Stella a fi'n briod am 62 o flynyddoedd, a bu farw yn 2008. Roedd Sid Arnold yn galw'r bingo ac roeddwn i hefyd yn archwilio'r llyfrau. Roeddwn i hefyd yn casglu'r gwydrau i'r bar, yn ogystal â glanhau'r ystafell storio. Dwi'n cofio paentio'r waliau y tu mewn i'r Tower ar ôl diogelu'r ysgol wrth y cadeiriau. Ond doeddwn i ddim yn gwneud y tu fas, roedd bachan arbennig yn dod i wneud hynny. Dwi'n cofio'r dosbarthiadau dawnsio plant am 11am ar fore Sadwrn pan fyddai Mr Thorne yn chwarae recordiau iddyn nhw. Roedd gweithio yn y Tower yn fendigedig. Roedden ni'n dîm gwych. Ar ôl shifft, byddai Arthur Thorne yn anfon gyrrwr tacsi lawr am ffowlin wedi'i goginio a theisen ac roedden ni'n aros yn hwyr i fwyta'n swper. Roedd Mr Thorne yn ŵr bonheddig go iawn. Roedden ni i gyd yn teimlo'n deulu. Roedd Mr Dennis yn arfer ei gadw'n edrych yn smart. Gwerthodd e' fe tua 1963-1964 a gorffennais i pan ddaeth Mr Bateman mewn i'w reoli, ond dirywiodd y lle ar ôl hynny.

Photo 33

Photo 34

Photo 35

THE BANDS...
"UP THE TOWER"

Y BANDIAU...
"LAN Y TOWER"

Photo 36

Derek Morgan (85). "My band The Rockets entered the Rock 'n Roll contest in January 1958 and won! We were all jazz musicians, I was the drummer. After we finished we were outside packing up in the car park and the crowd wouldn't let the next band on! I used to play a lot at the Tower, mostly in dance bands. I also went to see the drummer Eric Delaney's band, became a pupil of his and remained friends with him. I wrote an arrangement of *Sospan Fach* for his band to play at the Tower."

Derek Morgan (85 oed). "Roedd fy mand i, The Rockets, wedi cymryd rhan mewn cystadleuaeth roc a rôl ym 1958 ac enillon ni! Roedden ni i gyd yn gerddorion jazz, fi oedd y drymiwr. Ar ôl i ni orffen, roedden ni tu fas yn pacio yn y maes parcio a fyddai'r dorf ddim yn gadael y band nesaf ymlaen! Roeddwn i'n arfer chwarae llawer yn y Tower, mewn bandiau dawns yn bennaf. Hefyd, es i i weld band y drymiwr Eric Delaney, des i'n ddisgybl iddo fe ac aros yn ffrindiau 'da fe. Ysgrifennais i drefniant o *Sospan Fach* i'w fand ei chwarae yn y Tower."

Photo 37

Pete James (68). I joined the Blackjacks on drums in 1960 when I was 16, and played the Tower 1961, 1962, 1963. Don Callard started The Blackjacks in the mid-50s, playing Elvis etc. We had a female singer Pat Harris and were a useful band for visiting artists. The Blackjacks were looking for a drummer and both John Evans of the Fireflies and Haydon Thomas were in the frame for the job and to go fully professional. We were very popular, working 7 nights a week – we could play anything. If something came out on a Monday, we could play it by Monday night. We were with Mike

Pete James (68 oed). Ymunais i â'r Blackjacks ar y drymiau ym 1960 pan oeddwn i'n 16 oed, a chwarae yn y Tower ym 1961, 1962 a 1963. Sefydlodd Don Callard y Blackjacks yng nghanol y 50au, yn chwarae Elvis etc. Roedd cantores 'da ni o'r enw Pat Harris ac roedden ni'n fand defnyddiol i artistiaid. Roedd y Blackjacks yn chwilio am ddrymiwr ac roedd John Evans o The Fireflies a Haydon Thomas yn cael eu hystyried ar gyfer y swydd ac i fynd yn broffesiynol. Roedden ni'n boblogaidd iawn, yn gweithio 7 noson yr wythnos - gallen ni chwarae unrhyw beth. Os byddai

Sarne, you know *Come Outside*, he was a public schoolboy, and Jimmy Tarbuck was the MC. At the Tower, Adam Faith and the Roulettes were on the bill with us as a separate act. If a female vocalist had a hit, we used to cover it because we had a girl singer. We did a record in Abbey Road Studio, *Hippy Hippy Shake* and coming to the Tower and playing that. The record never made it because the Swinging Blue Jeans came out with it after us in 1963 and swamped us. The band was my apprenticeship. We went straight into France and Germany and our record was out on the juke boxes; we were sitting around in cafes and would hear our record. Everybody loved it. The music business has changed dramatically now. Back then it was magical days for us as musicians – people coming to the Tower must have fantastic memories. At the Tower, the quality of the dance floor and the building was superb and right in the middle of a council estate, so there was a captive audience down the end of the street. Also, it attracted the musicians as well. The first person I backed at the Tower was Ricky Valance. He walked in, Mr. Big Time. He was awful. He said "Who's the drummer? Got brushes? Know what brushes are do you?" A put down straight away. We did the *Donald Peers Presents* TV show, a talent competition, Peers was the Welsh chap had a hit with *In a Shady Nook by a Babbling Brook*. Tom Jones was on too but Tom couldn't have his band with him because we were on. We won and Tom Jones came second! Years later in New York I saw this Ludwig Drum brochure and started collecting them. I've had pictures all over the world in magazines because of my drum collection. I'm a personal friend of 'Mr. Ludwig' Sandy Nelson, he had a hit with *Let There Be Drums* in 1961. Terry Williams (Dire Straits) and me thought it was two drummers on that record, but it was just Sandy Nelson, he could double up. He was absolute magic, lovely bloke. We've remained friends and I go over to Hollywood to see him in Nevada. I can remember the Tower

Photo 38

rhywbeth yn dod mas ar ddydd Llun, gallen ni ei chwarae erbyn nos Lun. Roedden ni gyda Mike Sarne, chi'n gw'bod *Come Outside*, roedd e'n fachgen ysgol fonedd, a Jimmy Tarbuck oedd y MS. Yn y Tower, roedd Adam Faith a The Roulettes ar y rhaglen gyda ni'n act ar wahân. Os byddai cantores yn cael cân lwyddiannus, roedden ni'n arfer ei chwarae achos roedd cantores 'da ni. Gwnaethon ni record yn Abbey Road Studio, *Hippy Hippy Shake* ac roedd hi'n grêt dod i'r Tower a'i chwarae. Doedd y record erioed yn llwyddiannus i ni am fod y Swinging Blue Jeans wedi'i rhyddhau ar ein holau ym 1963 a chael y clod a'r sylw i gyd. Y band oedd fy mhrentisiaeth. Aethon ni'n syth i Ffrainc a'r Almaen ac roedd ein record ni ar y jiwcbocsys; roedden ni'n eistedd mewn caffis a bydden ni'n clywed ein record. Roedd pawb yn dwlu arni. Mae'r byd cerddoriaeth wedi newid yn ddramatig nawr. Bryd hynny roedden nhw'n ddyddiau hudol i ni fel cerddorion - mae'n rhaid bod atgofion bendigedig gan y bobl oedd yn dod i'r Tower. Yn y Tower, roedd ansawdd y llawr dawnsio a'r adeilad yn rhagorol a reit yng nghanol stad cyngor, felly roedd cynulleidfa i'w chyfareddu i lawr pen y stryd. Hefyd, roedd e'n denu'r cerddorion. Y cyntaf i mi ei gefnogi yn y Tower oedd Ricky Valance. Cerddodd e' mewn, Mr Dyn Enwog. Roedd e'n ofnadwy. Meddai fe, "Pwy yw'r drymiwr?

and playing that record, and now I'm actually friends with the guy who played it. Magic."

Tom Jones Management said:
"Tom Jones couldn't remember coming second and he's now flown back to LA!"

Ivor Davies (68) stage name Roy Denver, singer with The Fireflies recalls: "In the old days, if you played in pubs you weren't any good! Clive Davies and Cliffe Watkins started the Fireflies. I started at aged 16 in 1959 and I was in the church choir at St. Phillips first. I was known as Roy 'Wimmoweh' Denver! I sang with the Fireflies for 4 years, supporting Matt Munro, Marion Ryan, Jimmy Justice and the Exchequers. At the Tivoli Mumbles, we supported Johnny Kidd and the Pirates, Emil Ford etc. We backed Adam Faith. We entered competitions at Sophia Gardens in Cardiff and – get this – we beat Tom Jones before he made his first record. At the Tower, there were no gangs in those days. Although me and Cliffe Watkins were from the Sandfields, we were accepted. We never had a problem. You met your date inside. I had a day job at Bernard Hastie, builders, and I earned £3.3s. per

Photo 39

Brwshys 'da ti? Ti'n gw'bod beth yw brwshys?" Sarhad yn syth. Gwnaethon ni'r sioe deledu *Donald Peers Presents*, cystadleuaeth dalent, Peers oedd y bachan o Gymru a gafodd gân boblogaidd gydag *In a Shady Nook by a Babbling Brook*. Roedd Tom Jones yn perfformio hefyd ond doedd Tom ddim yn gallu cael ei fand 'da fe achos roedden ni ymlaen. Enillon ni a daeth Tom Jones yn ail! Flynyddoedd yn ddiweddarach, yn Efrog Newydd gwelais i lyfryn Ludwig Drum a dechrau eu casglu. Dwi wedi cael lluniau dros y byd i gyd mewn cylchgronau achos fy nghasgliad o ddrymiau. Dwi'n ffrind personol i 'Mr. Ludwig' Sandy Nelson, cafodd e gân boblogaidd gyda *Let There Be Drums* ym 1961. Roedd Terry Williams (Dire Straits) a fi'n meddwl mai dau ddrymiwr oedd ar y record yna, ond Sandy Nelson oedd e, roedd e'n gallu chwarae dwy ran. Roedd e'n benigamp, yn ddyn hyfryd. Rydyn ni wedi aros yn ffrindiau a dwi'n mynd draw i Hollywood i'w weld e yn Nevada. Dwi'n cofio'r Tower a chwarae'r record yna, a dwi nawr yn ffrindiau gyda'r dyn oedd yn ei chwarae. Gwych."

Photo 40

Meddai cwmni rheoli Tom Jones: *"Doedd Tom Jones ddim yn cofio dod yn ail ac mae e nawr wedi hedfan yn ôl i LA!"*

Mae **Ivor Davies (68 oed)**, enw llwyfan Roy Denver, canwr gyda The Fireflies, yn cofio, "Yn yr hen ddyddiau, os oeddech chi'n chwarae mewn tafarndai doeddech chi ddim yn dda! Clive Davies a Cliffe Watkins ddechreuodd The Fireflies. Dechreuais i pan oeddwn i'n 16 oed ym 1959 ac roeddwn i yng nghôr Eglwys St Phillips. Roedd pobl yn f'adnabod fel Roy 'Wimmoweh' Denver! Bues i'n canu gyda The Fireflies am 4 blynedd, yn cefnogi Matt Munro, Marion Ryan, Jimmy Justice a The Exchequers. Yn y Tivoli yn y Mwmbwls, roedden ni'n cefnogi Johnny Kidd and the Pirates, Emil Ford etc. Buon ni'n cefnogi Adam Faith. Roedden ni'n rhoi cynnig ar gystadlaethau yng Ngerddi Sophia yng Nghaerdydd a - chredwch neu beidio - maeddon ni Tom Jones cyn iddo fe wneud ei record

week, with a yearly rise. I gave £3 rent to mam. A pack of Woodbines was 1/3d. When I earned £4.10s I still gave mam £4. The singing was extra money for me. When the Fireflies graduated to having a van, we had a single mattress on one side, and all the equipment on the other.... just in case! The Tower Ballroom had the best sprung floor. Although there were pubs nearby, boys or girls never got drunk. The boys always wore nice suits with a false handkerchief in the top pocket. I sang *Living Doll* and *Danny Boy*. Ken (Dalton) Griffiths was another singer with the Fireflies. Ken made a speaker from an old black phone, with a cable to the transformer to the Rediffusion speaker. No amps then! Then I bought a new PA system from Snells, £35 on h.p., custom made amp and Vox speakers. The Fireflies then bought Vox amps and Fenders. We played Haverfordwest, mid Wales, the Rhondda, and we were one of the busiest bands around. I remember seeing huge posters nailed to trees miles outside the gig in Haverfordwest ROY DENVER AND THE FIREFLIES. We usually played for 4 hours and got 10/-d. each, 10/-d. petrol. £3 gig fee! We had 4 or 5 gigs a week with HOUSE FULL signs always up. There is a different social scene now. The halls closed once pubs started putting in live bands."

Ken (Dalton) Griffiths (70)

"I sang with The Fireflies in 1962, then with The Saints, and Club Four in the Tower. I lived in Mount Pleasant opposite the Technical College. The Fireflies were resident in the Tivoli in Mumbles, and then on the rock circuit, and it was the same with the Saints and Club Four. Ivor Davies (Roy Denver), was the other singer with The Fireflies and the first to drive. When I joined The Fireflies John was not the regular drummer, Haydon Thomas used to play for them. John was given extra money so he wouldn't play

Photo 41

gyntaf. Yn y Tower, doedd dim gangiau yn y dyddiau hynny. Er bod Cliffe Watkins a fi'n dod o Sandfields, cawson ni ein derbyn. Chawson ni ddim problem erioed. Roeddech chi'n cwrdd â'ch dêt y tu mewn. Roedd gen i swydd ddydd gyda'r adeiladwyr Bernard Hastie, ac roeddwn i'n ennill £3.3s. yr wythnos, gyda chodiad blynyddol. Roeddwn i'n rhoi £3 o rent i mam. Pris pecyn o Woodbines oedd 1/3d. Pan oeddwn i'n ennill £4.10s, roeddwn i'n dal i roi £4 i mam. Roedd y canu'n arian ychwanegol i mi. Pan lwyddodd The Fireflies i gael fan, roedd matres sengl gyda ni ar un ochr, a'r holl gyfarpar ar yr ochr llall.... Rhag ofn! Roedd y llawr sbring gorau yn Neuadd Ddawns y Tower. Er bod tafarndai gerllaw, doedd bechgyn a merched byth yn meddwi. Roedd y bechgyn wastad yn gwisgo siwtiau neis â hances ffug yn y boced uchaf. Roeddwn i'n canu *Living Doll* a *Danny Boy*. Roedd Ken (Dalton) Griffiths yn ganwr arall gyda The Fireflies. Gwnaeth e uchelseinydd o hen ffôn du, â chebl i'r trawsffurfiwr i'r uchelseinydd Rediffusion. Dim amps bryd hynny! Wedyn prynais i system sain newydd o Snells, hurbwrcasu am £35, amp ac uchelseinwyr Vox pwrpasol. Wedyn prynodd The Fireflies amps a ffenders Vox. Roedden ni'n chwarae yn Hwlffordd, y canolbarth, a'r Rhondda, ac roedden ni'n fand prysur iawn. Dwi'n cofio gweld posteri wedi'u hoelio i goed filltiroedd o'r gig yn Hwlffordd ROY DENVER AND THE FIREFLIES. Fel arfer, roedden ni'n chwarae am 4 awr a chael 10/-d. yr un, 10/-d. am betrol. Ffi gig o £3! Roedden ni'n cael 4 neu 5 gig yr wythnos gydag arwyddion TY LLAWN wedi'u codi ym mhob man. Mae'r sîn gymdeithasol yn wahanol nawr. Roedd y neuaddau'n cau ar ôl i'r tafarndai ddechrau cynnal bandiau byw."

Photo 42

with his Jazz group The Senators! The first time I saw a set of vibes was John Evans playing them in jazz groups. I was with The 'Flies for 6-8 months. I wore a lilac suit. We supported the Staggerlees, Gene Vincent, Screaming Lord Sutch, Nero and the Gladiators. Owen Money and the Bystanders were also playing at the Tower. Dave Swan was the comedian there then later he went to Las Vegas and was "Big in Las Vegas," for 20 years. Years later in 2001, I made a CD in Sun Studios in Memphis and I got to play Jerry Lee Lewis's piano! FANTASTIC!!"

Owen Money (Lynn Mittell) (65)

Broadcaster emailed "I have great memories of the Tower Ballroom Swansea. It all began for me as early as 1962 when my then band the Crescendos, based in Merthyr Tydfil, worked there with Gene Vincent the great American rock and roller, and Screaming Lord Sutch. I remember Ron Bateman booking The Searchers there I think in early 1963 for very little money, and by the time they arrived at the Tower they were number one in the charts. My major band of the 60s was the Bystanders, I was bass guitarist and lead singer. In 1963 we started working at the Tower every Monday night; we got so popular Ron Bateman had a round stage erected in the middle of the dance floor so the girls could get closer to the band! We later had 8 recordings on the Pye label. Wonderful days. Cheers!"

Mike Davies (65)

rang us: "Hello - Micky Fringe here, Fringey. I played guitar with the Soundcasters up there when I was 12. My mother used to give me 10/-d. (50p) and I had enough money for a return ticket from Blaenymaes,

Photo 43

Ken (Dalton) Griffiths (70 oed)

"Roeddwn i'n canu gyda The Fireflies ym 1962, wedyn gyda The Saints, a Club Four yn y Tower. Roeddwn i'n byw ym Mount Pleasant gyferbyn â'r Coleg Technegol. Roedd The Fireflies yn fand preswyl yn y Tivoli yn y Mwmbwls, ac yna ar y cylch roc, ac roedd e'r un peth gyda The Saints a Club Four. Ivor Davies (Roy Denver) oedd y canwr arall gyda The Fireflies a'r cyntaf i yrru. Pan ymunais i â The Fireflies, nid John oedd y drymiwr rheolaidd, roedd Haydon Thomas yn arfer chwarae iddyn nhw. Rhoddwyd arian ychwanegol i John fel na fyddai e'n chwarae gyda'i grŵp jazz The Senators! Y tro cyntaf gwelais i fibraffon oedd pan oedd John Evans yn eu chwarae mewn grwpiau jazz. Roeddwn i gyda The 'Flies am 6-8 mis. Roeddwn i'n gwisgo siwt lliw leilac. Roedden ni'n cefnogi'r Staggerlees, Gene Vincent, Screaming Lord Sutch, Nero and the Gladiators. Owen Money ac roedd The Bystanders hefyd yn chwarae yn y Tower. Dave Swan oedd y digrifwr yno, wedyn aeth e i Las Vegas ac roedd e'n boblogaidd yn Las Vegas am 20 mlynedd. Flynyddoedd yn ddiweddarach yn 2001, gwnes i CD yn Sun Studios ym Memphis a ches i gyfle i ganu piano Jerry Lee Lewis! FFANTASTIG!!"

Owen Money (Lynn Mittell) (65 oed) - Darlledwr

e-bost "Mae gen i atgofion gwych am Neuadd Ddawns y Tower yn Abertawe. I mi, dechreuodd y cyfan mor gynnar â 1962 pan oedd fy mand ar y pryd, y Crescendos, o Ferthyr Tydfil, yn gweithio yno gyda Gene Vincent, dyn roc a rôl gwych, a Screaming Lord Sutch. Dwi'n cofio Ron Bateman yn bwcio The Searchers yno ddechrau 1963 am ychydig bach o arian, ac erbyn iddyn nhw gyrraedd, roedden nhw'n rhif un yn y siartiau. Prif fand y 60au i mi oedd The Bystanders, fi oedd y gitarydd bas a'r prif ganwr. Ym 1963, dechreuon ni weithio yn y Tower bob nos Lun; daethon ni i fod mor boblogaidd aeth Ron Bateman ati i godi llwyfan crwn

entrance fee, two pasties and 2 cokes. Great! Then I played at the Tower with the Swansea Drifters. I saw Jet Harris and Tony Meehan, their backing band had John McLaughlin on guitar, he went on to be a jazz guitarist, and John Paul Jones on bass who went on to play with Led Zeppelin. At the Tower I saw Screaming Lord Sutch and the Savages and girls used to faint in the front rows. I later played guitar with Spiv and the Barrowboys. Great times."

Brian Breeze (64). "I played lead guitar. I was 14 in 1964, my band was the Cassanovas. We had started playing in the Ritz Ballroom Llanelli. I was incredibly shy. We were going to start with *Dance On*, but I couldn't start The guy behind the stage said 'GO BRI GO'. I couldn't move! The curtains parted and there were all these hundreds of people staring at us. WOW! Then I got going. Dave Scott who ran the Ritz Ballroom in Llanelli, said the Tower Ballroom were short of a support band for Jet Harris and Tony Meehan of the Shadows! My heart leapt – my heros at the time. So we drove to the Tower Ballroom and they had this fantastic equipment, plug boards, everything. I was amazed. Tony Meehan came out It's TONY MEEHAN!!! And JET HARRIS!!! Jet Harris had his arm in a sling, he had broken it the day before after a car crash, but played. I was SO impressed. We got home after the gig and I was in a dream, seen them in real life in Swansea. I think we got paid £5 between the 5 of us. That was my first experience at the Tower. I saw the Mustangs at the Tower, Eyes of Blue, Comancheros with Terry Williams, The Blackjacks. I saw the Outlaws backing Gene Vincent and the Searchers in the Tower. I remember one night the Bystanders with Owen Money were playing, Clive John was in the band. At the end of the night Clive had a water pistol and he fired it. Somebody else had a water pistol and there was this huge water pistol fight. Bouncers were really angry,

Photo 44

yng nghanol y llawr dawnsio fel y gallai'r merched fynd yn agosach at y band! Yn nes ymlaen, cawson ni 8 recordiad ar label Pye. Dyddiau bendigedig. Iechyd da!"

Rhoddodd, **Mike Davies (65 oed)**, ganiad i ni, "Helo - Micky Fringe yma, Fringey. Roeddwn i'n canu gitâr gyda The Soundcasters yno pan oeddwn i'n 12 oed. Roedd fy mam yn arfer yn rhoi 10/-d. (50c) i mi ac roedd digon o arian gyda fi am docyn dwyffordd o Flaenymaes, ffi fynediad, dwy bastai a dau gôc. Gwych! Wedyn, bues i'n chwarae yn y Tower gyda'r Swansea Drifters. Gwelais i Jet Harris a Tony Meehan, roedd John McLaughlin yn canu gitâr yn eu band cefnogi, daeth yn gitarydd jazz yn nes ymlaen, ac aeth John Paul Jones, oedd ar y gitâr fas, ymlaen i chwarae gyda Led Zeppelin. Yn y Tower gwelais i Screaming Lord Sutch and the Savages ac roedd y merched yn arfer llewygu yn y rhesi blaen. Yn nes ymlaen roeddwn i'n canu gitâr gyda Spiv and the Barrowboys. Amserau gwych."

Brian Breeze (64 oed). "Roeddwn i'n canu prif gitâr. Roeddwn i'n 14 oed ym 1964, fy mand i oedd y Cassanovas. Roedden ni wedi dechrau chwarae yn Neuadd Ddawns y Ritz yn Llanelli. Roeddwn i'n arbennig o swil. Roedden ni'n mynd i ddechrau gyda *Dance On*, ond doeddwn i ddim yn gallu dechrau. Meddai'r dyn y tu ôl i'r llwyfan, 'CER BRI, CER'. Roeddwn i'n methu symud! Gwahanodd y llenni ac roedd cannoedd o bobl yn syllu arnon ni. WAW! Yna dechreuais i. Dywedodd Dave Scott, a oedd yn rheoli Neuadd Ddawns y Ritz yn Llanelli, fod Neuadd Ddawns y Tower yn brin o fand cefnogi i Jet Harris a Tony Meehan o The Shadows! Neidiodd fy nghalon - nhw oedd fy arwyr ar y pryd. Felly, gyrron ni i Neuadd Ddawns y Tower ac roedd cyfarpar penigamp

they must have been worried about their dance floor. Dancers were all Teddy Boys, and Teddy Girls with hoop skirts. Then 1963 to 1964 it started to change and the mini-skirts came in and girls wore their hair loose. Boys were confused at first how to dress, and we became Mods. I used to wear black polo-neck jumpers and short jumper over it, jeans, chisel toe shoes, winkle pickers, Chelsea boots etc. We started to cut bits out of our jeans. Eventually I became a hippy type. I used to have greased black hair but when in 1963 the Beatles appeared and shortly after, the Rolling Stones, I realised the Beatles had clean hair and so we all started washing our hair without grease so we could shake it about. It was an interesting time, that change over from Teds to the hippy thing. But the old dance halls of course with big bands weren't as viable anymore. The Tower was a fabulous place, magnificently ornate and a good gig to do, and nice people. I used to worry there might be trouble, but there never was. I met my wife, Maybeline, and we've been married 44 years now."

Tony Wyn-Jones (70) "I first came to Swansea in 1964 when I was 21 and became Assistant Manager of the Albert Hall. I started DJ-ing in 1965 and the Tower was my first gig alongside Les Savill, working with bands such as The Ivey's, Badfinger, The Bystanders. Some famous now…. and some sadness along the way."

gyda nhw, plygfyrddau, popeth. Roeddwn i'n rhyfeddu. Daeth Tony Meehan mas. TONY MEEHAN YW E!!! A JET HARRIS!!! Roedd braich Jet Harris mewn gwregys, roedd e wedi'i thorri'r diwrnod cynt ar ôl damwain mewn car, ond chwaraeodd e. Crëodd e GYMAINT o argraff arna i. Aethon ni adre ar ôl y gig ac roeddwn i mewn breuddwyd ar ôl eu gweld yn fyw yn Abertawe. Dwi'n credu i ni gael £5 rhwng y 5 ohonon ni. Dyna fy mhrofiad cyntaf yn y Tower. Gwelais i'r Mustangs yn y Tower, Eyes of Blue, Comancheros gyda Terry Williams, The Blackjacks. Gwelais i'r Outlaws yn cefnogi Gene Vincent a'r Searchers yn y Tower. Dwi'n cofio un noson roedd The Bystanders gydag Owen Money yn chwarae, roedd Clive John yn y band. Ar ddiwedd y noson roedd gwn dŵr gyda Clive ac fe wnaeth ei danio. Roedd gwn dŵr gyda rhywun arall a dechreuodd brwydr gynnau dŵr anferthol. Roedd y dryswyr yn grac iawn, mae'n rhaid eu bod yn poeni am eu llawr dawnsio. Roedd y dawnswyr i gyd yn Dedi Bois, ac yn Dedi Merched â sgertiau cylch. Yna, rhwng 1963 a 1964, dechreuodd pethau newid a daeth y sgertiau mini'n ffasiynol ac roedd gwallt y merched yn rhydd. Ar y dechrau, roedd bechgyn wedi drysu braidd ynglŷn â sut ddylen nhw wisgo a daethon ni'n Fods. Roeddwn i'n arfer gwisgo siwmperi gwddf polo du a siwmper fer drosti hi, jîns, esgidiau blaen gaing, esgidiau pigfain, esgidiau Chelsea etc. Dechreuon ni dorri darnau mas o'n jîns. Des i'n hipi yn y pen draw. Roedd gen i wallt du llawn saim ond ym 1963, pan ddaeth The Beatles ac yn fuan wedyn, y Rolling Stones, i'r amlwg, sylweddolais i fod gwallt glân gyda'r Beatles ac felly dechreuon ni i gyd olchi ein gwallt heb saim fel y gallen ni ei ysgwyd. Roedd hi'n adeg ddiddorol, y newid o Dedi Bois i'r peth hipi. Ond wrth gwrs doedd yr hen neuaddau dawns â'r bandiau mawr ddim mor ddichonol mwyach. Roedd y Tower lle bendigedig, yn odidog o addurnol ac yn gig dda i'w gwneud. Roeddwn i'n arfer poeni y byddai trafferth yno, ond fuodd dim trafferth erioed. Cwrddais i â'm gwraig, Maybeline, ac rydyn ni wedi bod yn briod ers 44 o flynyddoedd erbyn hyn."

Tony Wyn-Jones (70 oed) "Des i i Abertawe gyntaf ym 1964 pan oeddwn i'n 21 oed a des i'n Rheolwr Cynorthwyol yn Neuadd Albert. Dechreuais i droelli ym 1965 a'r Tower oedd fy ngig gyntaf ochr yn ochr â Les Savill, yn gweithio gyda bandiau megis The Ivey's, Badfinger, The Bystanders. Rhai'n enwog nawr…. a rhywfaint o dristwch ar hyd y daith."

THE TOWER NOW A BINGO HALL 1970

Y TOWER NAWR A NEUADD FINGO 1970

Photo 45

Denis M. O'Connor (65) "I moved to Townhill about 1964-1965 and worked in the Swansea Baths and Laundry. This photograph was taken at the Top Bar in the Tower about 1975-1980. Names I remember are: Megan, Doreen Edwards, Lilly Fernandel. I think Jerry Bradley is also in this. The post cards on the wall are from people in the bar who went on holiday and sent a postcard home to the Tower. I called the bingo with Terry and Conny until it closed. Ron Bateman owned the Tower and the Palace and the boss was Avril. We had bingo seven nights a week and linked up with the Palace. House prizes varied from £5 to £100. During the interval we would have Telly Bingo, the prizes were frozen meat! A few more names I remember are: Andrew Scott, Don and Val Thyer, Alice and Jack O'Connor, Kate Grove, Betty Driscoll, Gwyneth Jones, Peggy Austin. Glyn and Mary Jones ran the bar for a couple of years, then Jerry and Ciler Bradhey."

Maria Shannon recalls "After the dancing finished, I went to the bingo, and then afterwards to the beach. It was Caswell Bay for us, the posh people went to Langland. My friends were Eunice Johns and Mary Jones. I never drank anything except orange squosh."

Mrs Margaret Baglow said "I only went to the bingo a few times but in the late 1970s early 1980s the jazz marching

Denis M. O'Connor (65 oed) "Symudais i i Townhill tua 1964-1965 ac roeddwn i'n gweithio ym Maddonau a Golchdy Abertawe. Tynnwyd y llun yma yn y bar uchaf yn y Tower tua 1975-1980. Enwau dwi'n eu cofio yw: Megan, Doreen Edwards, Lilly Fernandel. Dwi'n credu bod Jerry Bradley yn y criw hwn hefyd. Mae'r cardiau post ar y wal oddi wrth bobl yn y bar a oedd wedi mynd ar wyliau ac a anfonodd gerdyn post adre i'r Tower. Roeddwn i'n galw'r bingo gyda Terry a Conny nes iddi hi gau. Ron Bateman oedd yn berchen ar y Tower a'r Palace a'r bos oedd Avril. Roedden ni'n cael bingo saith noson yr wythnos ac yn cysylltu â'r Palace. Roedd gwobrau'r tŷ'n amrywio o £5 i £100. Yn ystod yr egwyl, bydden ni'n cael bingo teledu, y gwobrau oedd cig rhew! Ychydig mwy o enwau dwi'n eu cofio yw: Andrew Scott, Don a Val Thyer, Alice a Jack O'Connor, Kate Grove, Betty Driscoll, Gwyneth Jones, Peggy Austin. Glyn a Mary Jones oedd yn rheoli'r bar am gwpl o flynyddoedd, wedyn Jerry a Ciler Bradhey."

Mae **Maria Shannon** yn cofio "ar ôl i'r dawnsio orffen, roeddwn i'n mynd i'r bingo, ac yna'n nes ymlaen i'r traeth. Bae Caswell oedd e i ni, roedd y bobl grand yn mynd i Langland. Fy ffrindiau i oedd Eunice Johns a Mary Jones. Doeddwn i byth yn yfed unrhyw beth heblaw am ddiod oren."

Meddai **Mrs Margaret Baglow** "Dim ond ychydig o droeon es i i'r bingo ond ddiwedd y 1970au a dechrau'r 1980au,

bands were very popular. My daughter Karen joined the Townhill Toppers which was based at the Tower. We were shopping in Tescos in the Kingsway when we saw the smoke when the Tower caught fire. It was very sad to see it go."

Ron Thomas recalled "When it became a sort of nightclub we would have a couple of pints in the Farmers Arms and then go up to the Tower for a game of bingo and watch the shows. Years later I remember doing a job for Ron Bateman to erect a level floor over the sloping circle. Having erected the floor, but before I had erected the walls, a couple of lady bingo players called up to see what I was doing and decided, then and there, there was no way Ron Bateman was going to persuade them to play bingo IN THERE! I called up about a month later and who do you think I saw sitting happily playing bingo with several other players? You've guessed it!"

Dennis Watts said "I also worked behind the bar with my wife when it became a bingo hall in the 1980s, and was there to witness the roof caving in when the tower caught fire. A very sad end to a great building."

Rachel Lerwell (67) recalled "It was a stunning building. I started going to the Bingo around 1975 then run by Reg Bateman and went until it closed. The prize money was very good and you could win up to £100 a house on a good night. It used to get crowded, and I won some good money. After the Bingo, people would go down to the Rum Puncheon and have a few drinks. I later worked as a barmaid there in 1977. It was a very sad day when the Tower Ballroom burnt down. I was passing with my grandchildren and saw it aflame. I had tears in my eyes at the terrible sight. What a waste of a marvellous building. It was a shame that it was left run down and derelict, it would have been a great asset for the community now."

roedd y bandiau gorymdeithio jazz yn boblogaidd iawn. Ymunodd fy merch Karen â'r Townhill Toppers a oedd yn y cwrdd yn y Tower. Roedden ni'n siopa yn Tesco yn Ffordd y Brenin pan welson ni'r mwg pan aeth y Tower ar dân. Roedd hi'n drist iawn ei weld e'n mynd."

Roedd **Ron Thomas** yn cofio "Pan ddaeth e'n fath o glwb nos, bydden ni'n cael cwpl o beints yn nhafarn y Farmers Arms ac yna'n mynd lan i'r Tower am gêm o fingo a gwylio'r sioeau. Flynyddoedd yn ddiweddarach, dwi'n cofio gwneud gwaith i Ron Bateman i godi llawr gwastad dros y cylch ar ogwydd. Ar ôl codi'r llawr, ond cyn i mi godi'r waliau, galwodd cwpl o fenywod oedd yn chwarae bingo lan i weld beth roeddwn i'n ei wneud a phenderfynu, yn y fan a'r lle, nad oedd gobaith caneri y byddai Ron Bateman yn eu perswadio i chwarae bingo MEWN FANNA! Galwais i yno tua mis yn ddiweddarach a phwy 'ych chi'n meddwl y gwelais i'n eistedd yn hapus yn chwarae bingo gyda sawl chwaraewr arall? Na fe, 'dych chi wedi dyfalu!"

Meddai **Dennis Watts** "Roeddwn i hefyd yn gweithio y tu ôl i'r bar gyda'm gwraig pan ddaeth hi'n neuadd fingo yn y 1980au, ac roeddwn i yno i weld y to'n cwympo i mewn pan aeth y Tower ar dân. Diwedd trist iawn i adeilad gwych."

Roedd **Rachel Lerwell** (67 oed) yn cofio, "Roedd e'n adeilad trawiadol. Dechreuais i fynd i'r neuadd fingo tua 1975 pan oedd Reg Bateman yn ei rheoli ac roeddwn i'n mynd 'na nes iddi gau. Roedd yr arian gwobrau'n dda iawn a gallech chi ennill hyd at £100 y tŷ ar noson dda. Roedd e'n arfer mynd yn llawn dop, ac enillais i beth arian da. Ar ôl y bingo, byddai pobl yn mynd i lawr i dafarn y Rum Puncheon a chael ychydig o ddiodydd. Yn nes ymlaen roeddwn i'n gweithio fel barforwyn yno ym 1977. Roedd hi'n ddiwrnod trist iawn pan losgodd Neuadd Ddawns y Tower yn ulw. Roeddwn i'n mynd heibio gyda'm hwyrion a'i weld yn wenfflam. Roedd dagrau yn fy llygaid wrth ei weld. Am wastraff o adeilad godidog. Roedd hi'n drueni iddo gael ei adael mewn cyflwr dirywiedig ac adfeiliedig, byddai e wedi bod yn ased mawr i'r gymuned nawr."

THE FIRE
11TH SEPTEMBER 1993

Photo 46

The South Wales Evening Post reported that "parents and children ran screaming as tons of brickwork crashed to the ground when a raging inferno ripped through the city landmark." Residents had informed the newspaper that the building had been set alight twice the night before as the building had "acted as a magnet to youngsters". Firefighters took two hours to bring the blaze under control. County Councillor Beryl Edwards said "That building is an absolute eyesore and it's a danger to the public. Kids use it for glue-sniffing and it became a dumping ground for refuse and I am glad to see it coming down for the safety of the people here." Councillor Tyssul Lewis said "there had been plans to turn the old bingo hall into a block of flats... but it had become a vandals' paradise and I shall be glad to see the back of it. In its heyday it was an attractive building." Owner Ron Bateman said "I couldn't believe it when I heard about the fire. I can't understand why someone would do this. There wasn't anything in the place because it's been empty for years. It wasn't insured because of its condition and I'm not sure how much it is worth but the only use for the site now would be for building on." Mr. Bateman owned the building since 1964. On 13th September 1993 the Tower was bulldozed to the ground.

Y TÂN
11 MEDI 1993

Adroddodd y South Wales Evening Post fod "rhieni a phlant yn rhedeg ac yn sgrechian wrth i dunelli o fricwaith syrthio i'r llawr a choelcerth wyllt ddifetha'r adeilad." Roedd preswylwyr wedi rhoi gwybod i'r papur newydd fod yr adeilad wedi'i roi ar dân ddwywaith y noson gynt gan fod yr adeilad "yn denu pobl ifanc". Cymerodd diffoddwyr tân ddwy awr i reoli'r tân. Meddai Beryl Edwards, Cynghorydd Sirol, "Mae'r adeilad hwnnw'n ddolur llygad ac yn berygl i'r cyhoedd. Mae plant yn ei ddefnyddio ar gyfer arogli glud ac mae wedi dod yn lle gollwng sbwriel a dwi'n falch o'i weld yn dod i lawr er diogelwch y bobl yma." Dywedodd y Cynghorydd Tyssul Lewis "cafwyd cynlluniau i droi'r hen neuadd fingo'n floc o fflatiau... ond roedd e wedi dod yn baradwys i fandaliaid a bydda i'n falch o'i weld yn mynd. Ar ei anterth, roedd e'n adeilad deniadol." Meddai'r perchennog Ron Bateman, "Roeddwn i'n methu credu'r peth pan glywais i am y tân. Alla i ddim deall pam byddai rhywun yn gwneud hyn. Doedd dim byd yn y lle am iddo fod yn wag ers blynyddoedd. Doedd e ddim wedi'i yswirio oherwydd ei gyflwr a dwi ddim yn siŵr faint yw ei werth ond yr unig ddefnydd i'r safle nawr fyddai adeiladu arno" Roedd Mr Bateman yn berchen ar yr adeilad ers 1964. Ar 13 Medi 1993, cafodd y Tower ei ddymchwel.

POST SCRIPT

On Friday 10th February 2012 a *Remembering The Tower Ballroom* Open Day was held at the Phoenix Centre. Lots of people told their stories, a few brought in photographs (hardly any cameras used in those days) and Angela and David Wheel brought in a b&w film of the Townhill Football Challenge Cup (1953?). The film was donated to the Phoenix Centre. People stayed to relive old memories over cups of tea. On Friday 23rd March 2012 a Vintage Dance with buffet was held at the Townhill Community Centre with magnificent support from the TCC committee. The Women in Jazz Allstars Swing Band resurrected old Second World War favourites, and dancers were attracted from as far afield as Pembroke. Once again, the old sounds of The Tower Ballroom were alive and kicking on Townhill.

Photo 47

Photo 48

ÔL-NODYN

Ddydd Gwener 10 Chwefror 2012, cynhaliwyd Diwrnod Agored *Cofio Neuadd Ddawns y Tower* yng Nghanolfan y Ffenics. Roedd llawer o bobl yn adrodd eu straeon, daeth rhai â lluniau i mewn (braidd dim defnydd o gamerâu yn y dyddiau hynny) a daethon Angela a David Wheel â ffilm ddu a gwyn o Gwpan Her Bêl-droed Townhill (1953?). Rhoddwyd y ffilm i Ganolfan y Ffenics. Arhosodd pobl i ail-fyw hen atgofion dros baneidiau o de. Ddydd Gwener 23 Mawrth 2012, cynhaliwyd Dawns y Dyddiau a Fu â bwffe yng Nghanolfan Gymunedol Townhill gyda chefnogaeth wych Pwyllgor Canolfan Gymunedol Townhill. Atgyfodwyd ffefrynnau'r Ail Ryfel Byd Band gan y Women in Jazz Allstars Swing Band ac roedd dawnswyr yn cael eu denu o mor bell â Phenfro. Unwaith eto, roedd hen seiniau Neuadd Ddawns y Tower yn fyw ac yn iach ar Townhill.

Photo 49